Erfinde dich neu

mit

Hypnose!

Alles, was du schon immer über

Hypnose wissen wolltest

Dipl.Psych. Sonja Tolevski

sonja tolevski publications

ISBN: 9798372813113

Anmerkung: Natürlich bin ich für Gleichberechtigung. Ich verwende ab und zu Doppelformen. Im Weiteren verwende ich abwechselnd sowohl den weiblichen als auch den männlichen Plural, damit klar ist, dass weiterhin alle gemeint sind. Das mag auf einige irritierend wirken, anderen wird es gar nicht auffallen.

Grundsätzlich geht es mir um den Menschen und um den Inhalt.

Unter www.tolevski.de findest du weitere Informationen und dort kannst du auch eine Nachricht hinterlegen mit deinen Fragen zu Hypnose, zu den Mp3 oder zu den Seminaren.

Inhalt

Die Wahrheit über Hypnose

Was ist Hypnose? Und was glauben die meisten Menschen über Hypnose?

Hypnose ist vielleicht eine der am meisten missverstandenen und vorurteilsbehafteten Methoden der psychologischen Behandlung. Die Mythen und Missverständnisse, die sich um die Hypnosetherapie ranken, stammen meist von den Vorstellungen und Eindrücken der Menschen über die Showhypnose. Diese hat jedoch nicht viel mit der medizinischen Hypnose zu tun.

Tatsache ist, dass Hypnose ein echtes psychologisches Phänomen ist, das in der klinischen Praxis sinnvoll eingesetzt werden kann. Einfach ausgedrückt ist Hypnose ein Zustand hochgradiger Aufmerksamkeit oder Konzentration, der oft mit Entspannung und erhöhter Suggestibilität einhergeht. In Hypnose sind viele Menschen viel offener für hilfreiche Suggestionen und Gedankenänderungen als sonst. Das bedeutet, dass Hypnose im Grunde nichts anderes ist, als der optimale Zustand um etwas zu lernen oder zu verlernen. Etwas, was dich heute an dir und an deinem Leben stört, hast du zu einem früheren Zeitpunkt erlernt und nun ist es einfach in deinem Leben. So wie du das damals erlernt hast, kannst du es genauso schnell auch wieder verlernen. Hierbei ist der Zustand, den wir Hypnose nennen, ein optimaler Lernzustand. Dein Gehirn ist also aufnahmefähiger als im absolut wachen Zustand.

Die positiven Ideen und Suggestionen, die Menschen während der Hypnose gegeben werden, werden als "posthypnotische Suggestionen" bezeichnet, weil sie wirken sollen, wenn die Person aus der Trance erwacht und nicht mehr in Hypnose ist. Eben diese Suggestionen, die den Menschen in Hypnose gegeben werden, diese sind ein wichtiger Teil durch den die Methode funktioniert. Während viele Menschen eine direkte Suggestion nicht annehmen oder darauf reagieren, scheinen die Suggestionen unter Hypnose relativ mühelos angenommen zu werden - vielleicht durch die "Hintertür" des Bewusstseins, wo sie oft immer mehr zur eigenen Realität werden und als wichtige Verhaltensänderungen oder psychologische Veränderungen Wurzeln schlagen.

Entgegen der verbreiteten Meinung haben Menschen in Hypnose die totale Kontrolle über sich selbst und würden nie etwas tun, was sie normalerweise als höchst anstößig empfinden würden. Außerdem ist es eine Tatsache, dass

jeder Mensch unterschiedlich für Hypnose empfänglich ist.
Um möglichst viele Vorteile aus der Hypnose zu ziehen,
solltest darauf achten, dass du an einen Hypnose-
Therapeuten/in dich wendest, die sich mit deinen
Grundeigenschaften auskennt. Leider sind das aus meiner
Erfahrung nur wenige Therapeuten/innen. Wichtig sind
tatsächlich deine persönlichen Eigenschaften hinsichtlich
der Hypnotisierbarkeit. Solltest du ein Mensch sein, der
sehr „kopflastig" und rational denkend ist, brauchst du
eindeutig eine andere Ansprache um in Hypnose zu gehen
als alle anderen Menschen. Denn dann ist Kontrolle für
dich das wichtigste Element im Leben und dann wirst du
bei der Standard-Hypnose nicht den Effekt rausziehen,
denn du wirst dich nicht darauf einlassen wollen / können.
Kurzum: Du musst andere Sätze hören, andere Erfahrungen
mit Hypnose machen können, um die Sache als
lohnenswert zu erleben.

Das Gleiche gilt natürlich für die gefühlsbetonten
Menschen. Wenn du als gefühlsbetonter Mensch nicht
angesprochen wirst auf der Ebene des Gefühls und der
Wahrnehmung des hypnotischen Zustandes, dann kann das
zwar eine gute und schöne Entspannung werden, aber es

wird nicht unbedingt das sein, was du aus einer Hypnose ziehen kannst an nachhaltigen Veränderungen.

Achte also darauf, dass diese Aspekte deiner Persönlichkeit und deines Verhaltens unbedingt von den Hypnose-Therapeuten/innen abgefragt bzw. eingearbeitet wird sowohl in den Einstieg in die Trance als auch in die hinterlegten Suggestionen.

Manche Menschen haben die Eigenschaft in einer Art Dauerhypnose durch den Alltag zu gehen, auch das ist ein Merkmal ihrer Persönlichkeit. Sie sind in Sekundenschnelle in einer Trance, was sicherlich für die Hypnose sehr schön ist, was aber ganz andere Auswirkungen hat.

Ich habe schon Fälle in der Praxis gehabt, die ich aus der Dauerhypnose rausholen musste, um deren Problem zu lösen. Es war also nicht der Mangel an neuen Ideen und Suggestionen, sondern umgekehrt: durch den andauernden Zustand der Hypnose im Alltag waren diese Menschen vollkommen offen für die Ideen und Schwierigkeiten anderer Menschen und haben diese ohne Filter in ihrem Unterbewusstsein aufgenommen. Ein Faktor für diesen Zusammenhang ist: du hast schon so viel probiert um dein Problem zu lösen, aber nichts hat funktioniert? Dann solltest du mal checken, ob du nicht tatsächlich zu denen gehörst, die in einem andauernden Zustand der Hypnose verweilen. Natürlich gibt es dafür Fachbegriffe, aber damit möchte ich dich nicht langweilen.

Für mich ist es wichtig, dass du weißt, dass es ein paar Hypnose-Therapeuten/innen gibt, die genau diese Eigenschaften bei dir wahrnehmen und unter Umständen auch eine Art psychologischen Test vorher machen, bei dem sie bestimmte Fragen stellen und damit ungefähr auch ihre Sprache anpassen können, so dass es für dich definitiv passt.

Also bitte nicht überall einfach hingehen, wo Hypnose angeboten wird. Nur weil die Werbung passt und du immer wieder über denselben Namen stolperst, heißt es nicht, dass es eine gute Adresse für dich ist.

Was auch gesagt werden muss: Es kommt häufig auf das Problem an. Selbst stark hypnotisierbare Menschen profitieren möglicherweise nicht sofort im erwarteten Umfang von einer Hypnosetherapie, sondern benötigen einige Sitzungen. Andersrum kann eine einzige Hypnosesitzung sehr schnell zu Ergebnissen führen. Es kann natürlich sein, dass das Problem auf mehreren Säulen steht und du musst dich einer Reihe von Hypnosebehandlungen unterziehen, um die konstruktiven Gedankenveränderungen zu verstärken, die dir gegeben wurden. Umgekehrt habe ich aber auch schon häufig die Erfahrung gemacht, dass zunächst nichts an Veränderung wahrnehmbar war und plötzlich – zum Beispiel bei einer Raucherentwöhnung oder bei einer Abnehm-Hypnose- der Durchbruch nach einigen Tage, sogar nach 4 Wochen kam, und das Problem sich erledigt hatte, zu einem Zeitpunkt als niemand mehr damit gerechnet hat.

Es gibt eine Liste der häufigsten klinischen und gewohnheitsändernden Anwendungen von Hypnose, welche ich in dem nächsten Kapitel dir zeigen werde. Solltest du weitere Fragen haben, die nicht in diesem Buch abgedeckt werden, dann schreibe mir bitte. Du findest auf meiner Website www.tolevski.de ein Feld für Nachrichten.

Über 100 Ansatzpunkte für Hypnose

Hier ist eine Liste mit den gängigen Anwendungsgebieten
für den Einsatz von Hypnose. Aus meiner jahrelangen
Erfahrung ist Hypnose sehr oft das Mittel der Wahl,
verknüpft mit psychologischen Hintergrundinformationen
und psychotherapeutischem Vorgespräch oder mehreren
Gesprächen. Zu erwähnen ist in diesem Zusammenhang,
dass jedes einzelne Anwendungsgebiet auch eine
unterschiedliche Anzahl an Sitzungen benötigt.

- ✓ Selbstbewusstsein
- ✓ Selbstvertrauen
- ✓ Selbstwertsteigerung
- ✓ Erfolg beruflich und privat
- ✓ Endlich einen Partner finden
- ✓ Verhaltensänderung
- ✓ Neuorientierung
- ✓ Verlassenheitsgefühl
- ✓ Süchte
- ✓ Altersregression
- ✓ Aggression
- ✓ Agoraphobie
- ✓ Anästhesie
- ✓ Wut
- ✓ Ängstlichkeit
- ✓ Selbstbehauptung
- ✓ Unterstützung der Heilung

✓ Verhaltensanpassung
✓ Bettnässen
✓ Biofeedback
✓ Atmung
✓ Beruflicher Erfolg
✓ Gewohnheiten ändern
✓ Geburt eines Kindes
✓ Chronische Schmerzen
✓ Kommunikation
✓ Konzentration
✓ Kontrolle
✓ Krämpfe
✓ Heißhunger

✓ Kreativität
✓ Tod oder Verlust
✓ Entmutigtsein
✓ Träume
✓ Prüfungsangst
✓ Bewegungsmangel
✓ Furcht vor Tieren
✓ Angst vor dem Tod
✓ Angst vor dem Zahnarzt
✓ Angst vor dem Arzt
✓ Angst vor dem Scheitern
✓ Angst vor zu viel Erfolg
✓ Angst vor dem Fliegen
✓ Höhenangst
✓ Angst vor Kontrollverlust
✓ Angst vor der Schule

- ✓ Angst vor Erfolg
- ✓ Angst vor Operationen
- ✓ Angst vor Wasser
- ✓ Ängste
- ✓ Vergebung
- ✓ Frustration
- ✓ Würgereiz
- ✓ Glücksspiel
- ✓ Schuldgefühle
- ✓ Haare verdrehen
- ✓ Kopfschmerzen
- ✓ Hilflosigkeit
- ✓ Hoffnungslosigkeit
- ✓ Hypochondrie
- ✓ Feindseligkeit
- ✓ Impotenz
- ✓ Gesundheit verbessern
- ✓ Verkaufserfolg verbessern
- ✓ Unentschlossenheit
- ✓ Unterlegenheit
- ✓ Hemmungen
- ✓ Verunsicherung
- ✓ Schlaflosigkeit
- ✓ Irrationale Gedanken
- ✓ Reizbarkeit
- ✓ Eifersucht
- ✓ Mangelnder Ehrgeiz
- ✓ Mangelnde Zielstrebigkeit
- ✓ Mangelnder Enthusiasmus
- ✓ Fehlende Initiative

- ✓ Medikamenten-Nebenwirkungen
- ✓ Gedächtnis
- ✓ Misstrauen
- ✓ Stimmungsschwankungen
- ✓ Motivation
- ✓ Nägelkauen
- ✓ Übelkeit
- ✓ Negativismus
- ✓ Albträume
- ✓ Zwangsvorstellungen
- ✓ Zwanghaftes Verhalten/ Denken
- ✓ Übermäßiges Essen
- ✓ Übermäßige Kritik
- ✓ Schmerzbewältigung
- ✓ Panikattacken
- ✓ Passiv-aggressive Tendenzen
- ✓ Regression in vergangene Leben
- ✓ Perfektionismus
- ✓ Leistungsangst
- ✓ Pessimismus
- ✓ Phobien
- ✓ Postoperative Heilung
- ✓ Vor der Operation
- ✓ Problemlösungen
- ✓ Aufschieberitis
- ✓ Öffentliches Reden
- ✓ Erreichen von Zielen
- ✓ Ablehnung/ Angst vor Ablehnung
- ✓ Verbesserung von Beziehungen
- ✓ Entspannung

- ✓ Widerstand gegen sich selbst
- ✓ Widerstand gegen Veränderung
- ✓ Verantwortung/ zu viel Verantwortung
- ✓ Unruhe
- ✓ Traurigkeit
- ✓ Selbstvorwürfe
- ✓ Selbstbeherrschung
- ✓ Selbstkritik
- ✓ Selbstzerstörerische Verhaltensweisen
- ✓ Selbstdarstellung
- ✓ Selbstvergebung
- ✓ Selbsthypnose
- ✓ Sexuelle Probleme
- ✓ Scham
- ✓ Hautprobleme
- ✓ Schlafstörungen
- ✓ Rauchen

- ✓ Soziale Phobie
- ✓ Sport
- ✓ Lampenfieber
- ✓ Stress
- ✓ Lerngewohnheiten verändern
- ✓ Stottern
- ✓ Sturheit
- ✓ Substanzmissbrauch
- ✓ Überlegenheit annehmen
- ✓ Chirurgische Genesung
- ✓ Unpünktlichkeit
- ✓ Versuchungen nicht widerstehen

- ✓ Daumenlutschen
- ✓ Tics
- ✓ Trauma
- ✓ Opfergefühl
- ✓ Gewichtsverlust
- ✓ Ängste verschiedener Art
- ✓ Allgemeine Blockade bis zur Schreibblockade

Und vieles mehr…..

Mythen und Vorurteile gegenüber Hypnose

Jemand sollte mal mit den häufigsten Irrtümern über Hypnose aufräumen, denn falsche Darstellungen von Hypnose scheinen sich durch Fernsehsendungen und Filme zu verstärken. Sie erzeugen zum Beispiel den Eindruck, dass Hypnose einen ungewöhnlichen Bewusstseinszustand erzeugt, der mit dem Verlust von Willenskraft und Selbstkontrolle einhergeht. Es gibt eine Vielzahl von Filmen, in denen suggeriert wird, dass Hypnose einen Trancezustand hervorruft und Menschen dazu zwingt, zu stehlen, zu töten oder sich lächerlich zu machen – ohne sich daran erinnern zu können. Ich selbst hatte schon oft in den Kursen oder auch bei telefonischen Terminvereinbarungen die Frage zu beantworten: „Kann es sein, dass durch eine Hypnose sich meine Persönlichkeit verändert?" bzw. „Kann es sein, dass mein Partner, nachdem er bei ihnen zur Hypnose war, nicht mehr derselbe ist?"

Angesichts dieser Hypnose-Vorurteile ist es nicht verwunderlich, dass viele Menschen Angst davor haben, sich hypnotisieren zu lassen. Es gibt tatsächlich einige Studien, die genau mit diesen Vorurteilen und mit solchen

Hypnose-Mythen aufräumen. Ich habe hier einmal einige Fragen zusammengestellt, die mir im Zusammenhang der Hypnose schon gestellt wurden. Bei der Beantwortung dieser Fragen musste ich mich zum Teil wiederholen, da ich den Anspruch habe, jede Frage bzw. jeden gängigen Mythos einzeln so gut wie möglich zu beantworten. Das mag für dich, wenn du Seite für Seite dieses Buches liest, etwas langweilig erscheinen, aber da ich nicht weiß, ob du vielleicht nur einen einzigen der folgenden Abschnitte liest, möchte ich dennoch umfangreich genug die Antworten und Informationen für dich bereit haben.

➢ Hypnose ist nutzlos

Hypnose ist nicht für jeden hilfreich. Allerdings haben frühere Untersuchungen ergeben, dass Hypnose bei der Behandlung zahlreicher gesundheitlicher Probleme hilfreich ist: Schmerzen, Ängste, Depressionen, posttraumatische Belastungsstörungen (PTBS), Reizdarmsyndrom, Fettleibigkeit, psychosomatische Erkrankungen, Übelkeit und Erbrechen- auch im Zusammenhang mit Medikamenten und andere wie weiter vorne aufgezählten Anwendungsbereiche.

> **Hypnose ist "Gedankenkontrolle" und der Hypnotiseur/Hypnosetherapeut wird dich kontrollieren**

Niemand ist in der Lage, deine Gedanken zu kontrollieren, es sei denn, du erlaubst es ihm/ ihr. Dein Hypnose-Therapeut wird dir nur Suggestionen geben, die du auf der Grundlage des Hypnosevorgesprächs wünschst. Wenn du eine Suggestion hörst, mit der du nicht einverstanden bist, wird dein Unterbewusstsein sie automatisch ablehnen. Du wirst zu keinem Zeitpunkt während der Sitzung die Kontrolle über deine Gedanken verlieren.

> **Ich werde dazu gebracht, dumme Dinge zu tun, z. B. wie ein Huhn zu gackern oder wie ein Hund zu bellen**

Diese Annahme basiert auf Dingen, die man oft in der Bühnenhypnose und in Hollywood-Filmen sieht. Die Wahrheit ist, dass diese Menschen freiwillig auf der Bühne agieren und sich auf diese albernen Suggestionen einlassen. Hypnotherapie ist ein ernsthafter Prozess, der Selbstverbesserung, und kein Unterhaltungsprogramm, was nicht heißt, dass es nicht auch Spaß machen kann, nur eben auf eine therapeutische und wohltuende Weise.

➢ Hypnose hat etwas mit dunkler Magie zu tun

Tatsache ist, dass Hypnose ein natürlicher Zustand ist, und den wir jeden Tag mindestens zweimal erleben. Nämlich jeden Morgen kurz nach dem Aufwachen und jeden Abend kurz vor dem Einschlafen. Hypnose ist mittlerweile an verschiedenen Universitäten wissenschaftlich erforscht worden. Hypnotherapeuten sind keine Mystiker oder Hellseher mit irgendwelchen besonderen Kräften. Die Hypnotherapie basiert auf jahrelanger klinischer Forschung und Menschen wie der berühmte Dr. Sigmund Freud und Dr. Carl Jung, Dr. Milton Erikson konnten schon vor langer Zeit, mit der Methode der Hypnose sagenhafte Erfolge für ihre Patienten erzielen.

➢ Hypnose ist gefährlich und man kann in der Hypnose stecken bleiben

Im Notfall kann eine Person natürlich aus dem hypnotischen Zustand herauskommen, indem sie die

Augen öffnet und sich streckt oder spricht. Dies wird bei ängstlichen Patienten sogar – je nach Therapeut- in der Hypnosesitzung festgelegt, dass du zu jeder Zeit wahrnimmst, was im Raum geschieht, den Therapeuten hörst und bei persönlichem Unwohlsein, oder der Wahrnehmung von Gefahr, sofort aus dem Zustand rauskommst und sofort wieder komplett ansprechbar und handlungsfähig bist.

➢ Ich habe noch nie Hypnose erlebt

Wie bereits erwähnt, jeder Mensch begibt sich mindestens zweimal am Tag in einen hypnotischen Zustand: abends vor dem Einschlafen und morgens nach dem Aufwachen, bevor er aus dem Bett steigt. Deswegen sind diese Minuten auch sehr wertvoll, falls du dich mit Affirmationen beschäftigen willst, dann wähle genau diese Zeit um deine Affirmationen in dein Unterbewusstsein einzuprogrammieren. Die meisten Menschen gelangen leicht in eine "Umgebungshypnose", wenn sie zum Beispiel fernsehen, einen Film im Kino anschauen, lange Strecken auf der Autobahn fahren oder ein interessantes, fesselndes Buch lesen.

➤ **Hypnose kann jemanden dazu bringen, zu gestehen oder die Wahrheit zu enthüllen**

Hypnosetherapiesitzungen sind vertraulich, und aufgrund der bestehenden Möglichkeit zu falschen Erinnerungen, sollte der Inhalt der Erinnerungen genauer betrachtet werden. In vielen Fällen sind Szenen einer Erinnerung auch Bilder, die das Unterbewusstsein uns zeigt um an ein Gefühl zu erinnern und nicht unbedingt von absoluter Wahrheit. Ich warne an dieser Stelle davor, sich hundertprozentig darauf zu verlassen, dass du das, was du erinnerst, auch wirklich erlebt hast. Ich habe schon sehr oft Patienten/innen kennengelernt, die bei einer Regression, zum Beispiel, einen Missbrauch wahrgenommen haben und ab da ihr Leben und ihr Alltag aus den Fugen geraten ist, weil sie das für absolut wahr angenommen haben. Bitte an dich: das mit deinem Hypnotherapeuten genau durchzusprechen und alle Möglichkeiten auszuloten. Grundsätzlich ist Hypnose keine Alternative zu Lügendetektortests und kann niemanden zwingen, die Wahrheit zu sagen oder zu gestehen. Du kannst unter Hypnose genauso gut lügen.

> ## Hypnose ist immer eine alleinstehende Maßnahme

Hypnose wird oft als Ergänzung zu anderen Techniken und Methoden eingesetzt, wie, der klassischen Psychotherapie, Verhaltenstherapie und auch vereinzelt bei bestimmter Medikamentengabe, eingesetzt.

> ## Man ist entweder hypnotisierbar oder überhaupt nicht hypnotisierbar

Eine positive Reaktion auf hypnotische Suggestionen wird oft als Hypnotisierbarkeit bezeichnet, wobei interessanterweise dieser Zustand oft so „entweder- oder" rüberkommt, also der entweder vorhanden oder nicht vorhanden ist. Das ist nicht wahr. Es ist keineswegs ein Zustand wie „Schwanger – oder nicht schwanger." Zum Beispiel reagieren selbst Menschen mit einem hohen Grad an hypnotischer Suggestibilität auf einige Suggestionen, auf andere aber nicht. Ich habe bereits im ersten Kapitel betont, dass es wichtig ist, dass die Hypnosetherapeuten/innen sich ein Bild über die Einstufung des Klienten / Patienten machen und entsprechend dieser Einstufung die Worte und Suggestionen wählen, die genau zu diesem Menschen passen. Dann ist die Wahrscheinlichkeit sehr hoch, dass auch ein zweifelnder Mensch in Hypnose gehen kann.

➢ Hypnose erhöht die Empfänglichkeit für Suggestionen erheblich

Der Zustand der Hypnose entspricht einem optimierten Lernzustand. Das heißt, die Gehirnwellen sind in einer optimalen Frequenz um neue Inhalte zu lernen und alte nicht nützliche Inhalte zu verlernen. Grundsätzlich ist es jedoch so, dass keiner eine „unwillkommene" oder gar gefährliche Suggestion einfach aufnimmt und dann verinnerlicht und sich entsprechend verhält. Das Unterbewusstsein hat die Aufgabe dich am Leben zu erhalten und wird selbstverständlich alles dafür tun, dass du in Sicherheit bleibst. Allein diese Tatsache wird dich nicht in die Situation bringen, ungute Suggestionen aufzunehmen und auszuleben.

> **Ich kann nicht hypnotisiert werden, weil ich immer unter Kontrolle sein will oder ein anderer Hypnotherapeut mich nicht hypnotisieren konnte**

Dies ist ein Glaube, der sich in jüngster Zeit als völlig unwahr erwiesen hat. Vor langer Zeit ging man davon aus, dass nur etwa die Hälfte der Bevölkerung hypnotisiert werden kann. Wie bereits erwähnt, es ist wichtig, dass du VORHER genau eingestuft wirst, mit welchen Worten du am besten und am leichtesten in den Zustand der Hypnose gebracht werden kannst. Je intelligenter du bist, desto eher bist du für Hypnose empfänglich. Wer bei mir in einer Sitzung ist, wird durch einige gezielte Fragen meinerseits eingestuft, dadurch bin in der Lage festzustellen, welche Art von Suggestibilität du hast und wie ich am besten vorgehen kann, um dich zu hypnotisieren. Da es deine Entscheidung ist, einen Hypnosetherapeuten aufzusuchen, um dich selbst zu verbessern, oder an etwas zu arbeiten und Fortschritte zu machen, hat dein Verstand die Idee der Hypnose bereits akzeptiert.

> **Hypnotisierbare Personen fallen in eine Trance**

Trance ist ebenfalls ein Begriff, der sich keinesfalls festnageln lässt. Für den einen ist es eine leichte Entspannung und für den anderen könnte man das Haus drumherum abbauen und es fällt schwer auch nur den Arm zu heben. Dieser Zustand der Trance kann aber auch ohne hypnotische Induktion erreicht werden. Da der Begriff jedoch nicht klar definiert, was diese hypnotische Trance ist, wird sich oft auf die Selbstaussagen der Menschen, die eine hypnotische Trance erlebt haben, verlassen. Sehr sinnvoll ist es, ein Biofeedback-Gerät zu verwenden, um genau zu sehen, ab welcher Entspannungstiefe eine optimale Trance einsetzt. Hieraus ergibt sich auch beim Patienten/ Klienten eine gewisse Kontrolle und ein leicht umzusetzender Lerneffekt, denn bei einem Biofeedback-Gerät ertönt entweder ein Ton oder eine sichtbare Darstellung auf einem Bildschirm. So kann man genau sehen ob die Entspannung optimal ist, sobald zum Beispiel der Ton zu hören ist.

> ## Reaktionen bedeuten nur Vortäuschung oder Nachgiebigkeit

Obwohl Nachgiebigkeit bei der Reaktionsfähigkeit eine Rolle spielen kann, zeigen bildgebende Studien die Aktivierung von Hirnarealen, die mit den suggerierten Informationen in Verbindung stehen (z. B. werden visuelle Areale im Gehirn aktiviert, wenn in der Hypnose in Bildern gesprochen wird), was darauf hindeutet, dass hypnotische Reaktionen echt sind. Somit geht es nicht um eine Art Überreden.

> ## Es ist unmöglich, die hypnotische Beeinflussbarkeit zu verändern

Forschungsergebnissen zufolge werden viele Personen mit geringer hypnotischer Beeinflussbarkeit nach einem Training (z. B. zur Steigerung der positiven Erwartungshaltung und Motivation) als hochsuggestibel eingestuft. Das bedeutet, dass mit einer gewissen Übung, die Hypnose durchaus gut und schnell greift.

> **Hypnotiseure und Hypnotiseurinnen müssen hochqualifiziert sein, um eine hohe Ansprechbarkeit zu erreichen**

Das Bild vom Hypnotiseur als Magier in einer Showhypnose, der jede beliebige Person hypnotisieren kann, ist ein Mythos. Der Showhypnotiseur prüft vorher sein Publikum mit bestimmten Übungen um die richtigen Leute auf die Bühne zu holen. Hypnose erfordert nicht nur die Fähigkeit, Verfahren anzuwenden und grundlegende soziale Fähigkeiten um Vertrauen aufzubauen. Sprechen wir jedoch von therapeutischer Hypnose ist es wesentlich wichtiger die richtigen Worte und die richtige Ansprache für jeden anders zu wählen und auch vorher einzustufen.

> **Die Wirksamkeit von Hypnoseeinleitungen ist sehr unterschiedlich**

In den Studien wurden keine großen Unterschiede zwischen hypnotischen Einleitungen festgestellt. Aus meiner Erfahrung ist es jedoch so, dass es Typ-Sache ist, ob jemand auf direkte oder indirekte Hypnoseinduktionen reagiert. Ebenso zeigt meine Erfahrung, dass es

Lieblingseinleitungen gibt, die für jeden Klienten/ Patienten anders sein können. Zusätzlich habe ich festgestellt, dass bei mehrfachen Hypnosesitzungen besser bei ein und derselben Einleitungen geblieben wird, weil das schneller in die Trance führt, da bereits klar ist wie die Induktion geht. Also keine Überraschungen.

➢ Die Wahrnehmung ist während der Hypnose deutlich reduziert

Dieser Mythos trägt dazu bei, dass viele Menschen eine gewisse Angst oder Sorge haben, sich zu einer Hypnose-Sitzung anzumelden. Sie gehen davon aus, dass sie unter Umständen eine Art „Filmriss" erleben könnten und keine Ahnung haben, was um sie herum passiert. Tatsache ist aber, dass es ein Bewusstseinszustand mit fokussierter Aufmerksamkeit ist. Es geht also darum, die Wahrnehmung auf etwas anderes zu lenken um zum Beispiel einen Einstechschmerz bei einer Spritze nicht zu bemerken. Dennoch würdest du merken, wenn du in einer wirklichen Gefahr wärest und würdest sofort darauf reagieren.

➢ **Wenn ich hypnotisiert bin, nehme ich meine Umgebung nicht mehr wahr und habe keine Erinnerung mehr an die Sitzung**

Tatsächlich berichten die meisten Menschen, dass sie während einer Sitzung ein erhöhtes Bewusstsein, eine höhere Konzentration und einen stärkeren Fokus haben und sogar besser hören können. Manche Menschen erinnern sich an die gesamte Sitzung, andere empfinden sie als ein wenig verschwommen, wie einen Tagtraum. Auch hier hängt alles von dir als Individuum ab, nicht jeder erlebt die Dinge auf genau dieselbe Weise.

➢ **Es ist total anstrengend einer Hypnose zu folgen**

Fokussierte Aufmerksamkeit ist nicht der Schlüssel zu einer effektiven hypnotischen Reaktion. Sich auf einen bestimmten Gedanken zu konzentrieren und alles andere zu unterdrücken, ist für die hypnotische Reaktion nicht entscheidend. Selbst wenn du so tief absinkst, dass du nicht mehr genau weißt, ob du einen Moment eingeschlafen bist, ist dein Unterbewusstsein wach und aufnahmefähig – ohne Anstrengung.

> ## Die Wirkungen der Hypnose sind nur auf Entspannung zurückzuführen

Die hypnotischen Wirkungen sind nicht nur auf Entspannung zurückzuführen, denn es gibt sogar Hypnoseeinleitungen, die durch Übungen erreicht werden und genauso wirksam sind wie entspannungsbasierte Hypnoseeinleitungen.

> ## Hypnotische Zustände ähneln dem Schlaf

Obwohl ermüdete Teilnehmer/innen nach einigen Suggestionen (z. B. "Schließen Sie die Augen") manchmal einschlafen, sind sie während der Hypnose wach und nehmen ihre Umgebung wahr.

> ## Man kann hypnotischen Suggestionen nicht widerstehen

Eine hypnotisierte Person ist nicht wie ein Roboter, die alles tut, was der Hypnotiseur befiehlt. Die Erfahrung der Unfreiwilligkeit hat nichts mit dem Vorhandensein einer

Trance zu tun, sondern mit der Erwartung, ob man in der Hypnose die freiwillige Kontrolle hat.

➢ Hypnose kann die Erinnerung an Ereignisse zuverlässig verbessern

Hypnose kann zwar die richtigen Erinnerungen verbessern, aber auch die falschen Erinnerungen. Sehr gut einsetzbar ist eine Hypnose, wenn es darum geht ein verlegtes Dokument oder ein Schmuckstück wiederzufinden. Was jedoch die Erinnerung an eventuelle traumatische Erlebnisse in der Kindheit angeht, gibt es leider die Möglichkeit, dass eine falsche Erinnerung zu Komplikationen im eigenen Leben führen kann. Anders sieht es, aus eigener Erfahrung, bei den Rückführungen aus, die den interessierten Menschen, einen Einblick in vergangene Leben geben kann, denn hierbei geht es nicht um eine Überprüfbarkeit der Wahrheit. Bei Past life Regressionen geht es möglicherweise um vergangene Leben, möglicherweise aber auch nur um Bilder des Unterbewusstseins, die das Unterbewusstsein uns zeigt, um ein uns belastendes Problem zu lösen. Aus meiner

Erfahrung kann dabei viel zu einer gesunden Veränderung führen.

Lohnt es sich so viel Geld für eine Sitzung auszugeben?

Natürlich gibt es immer jemand, der es noch günstiger und billiger anbietet. Aber ist das auch eine Fachkraft? Ist das jemand, der/die sich mit den Hintergründen deiner Psyche auskennt? Ist das jemand, bei dem/der du dich gut aufgehoben fühlst und wo du das Gefühl hast, diese Person weiß, was sie tut? Ist das jemand, der/ die nicht nur 2 Wochenenden Hypnose gelernt hat und nun sich alle psychologischen Krankheiten und Fachbegriffe als Spezialgebiete auf das Türschild schreibt? Wenn du das mit „JA" beantworten kannst, dann gehe einfach dort hin.

Ich selbst habe meine persönlichen Erfahrungen gemacht mit Therapeuten, die ich zunächst als sympathisch empfand, aber dann in der Sitzung feststellen musste, dass das Hintergrundwissen nur an der Oberfläche kratzt und ich froh sein kann, dass ich nicht ein schwerwiegendes Problem mitgebracht hatte.

Ebenso wurde ich schon einmal – und ich schreibe hier ganz bewusst EINMAL- zu einem Treffen der Hypnoseanbieter hier in der Gegend eingeladen. Jeder musste sich vorstellen mit dem Hintergrund der Ausbildung. Ich war überrascht, wie viele der Anwesenden vorher einen komplett fachfremden Beruf hatten. Es gab einen ehemaligen Autoverkäufer, der mich sehr beeindruckt hat, da er mir erzählte, dass er alle psychischen Krankheiten als Spezialgebiete hat. Also eine Diagnose, bei der ich die Menschen erst einmal zur exakten Diagnostik ins Zentrum für seelische Gesundheit schicken würde, da hatte mein Gesprächspartner überhaupt keine Bedenken. Eine weitere anwesende Dame erzählte mir, dass sie genug hatte als Fahrschullehrerin und nun Hypnose anbietet. Kurzum: ich war die einzige Person mit einem Psychologie-Studium auf dieser Veranstaltung. Vermutlich wurde ich deshalb auch nie wieder eingeladen, denn ich fürchte, man sah mir meine Skepsis an. Aber, was ich mit Gewissheit sagen kann: die waren alle billiger und günstiger als ich. Die Bezeichnung Hypnose-Coach zum Beispiel beinhaltet noch nicht einmal eine Heilpraktiker-Abschluss, somit kann es sein, dass tatsächlich nur ein Hypnose-Wochenendkurs die Basis ist.

Also, wenn du dich damit nicht gut auskennst, dann bedenke dennoch, dass Hypnotherapeut/in oder Hypnose-Coach nicht immer das Gleiche bedeutet, auch wenn es weniger Geld kostet. Wir sprechen hier von deinem Wohlbefinden.

Die Hypnotherapie greift direkt auf das Unterbewusstsein zu, und bei einem geschulten Fachmann werden die Suggestionen auf deine speziellen Bedürfnisse zugeschnitten, wobei der richtige Wortlaut sichergestellt wird und du vor der Hypnose richtig vorbereitet wirst, so dass die Suggestionen besser wirken. Damit ist es weniger wahrscheinlich, dass der Inhalt der Sitzung von deinem Unterbewusstsein abgelehnt oder missverstanden wird.

Es lohnt sich immer eine Hypnose auszuprobieren, denn, wenn es zu dir passt wirst du in sehr kurzer Zeit Erfolge verzeichnen, die du so von dir selbst nicht kennst und für die du sonst eventuell Jahre brauchen würdest. Solltest du jedoch wirklich ein großes Problem haben oder gar eine psychische Krankheit, dann bitte wende dich direkt an eine Klinik oder an geschulte Psychologen/innen.

Musst du „enthypnotisiert" werden?

Hin und wieder kommt jemand in meine Praxis, der/die bereits in Hypnose ist und dies noch nicht einmal weiß. Hypnose ist ein völlig natürlicher Zustand und wie ich in einigen vorhergehenden Abschnitten bereits erklärt habe, können wir auch zu anderen Tageszeiten in eine natürliche, umweltbedingte Trance fallen. Eine Umwelthypnose kann durch äußere Umstände entstehen. Dann gibt es noch Fälle, in denen wir uns selbst hypnotisieren. Das ist der Zustand und die Art der Hypnose, die ich in diesem Kapitel behandeln werde.

Verschiedene Fachleute haben festgestellt, dass Hypnose dann auftritt, wenn eine Überladung bzw. Überlastung mit Wahrnehmungseinheiten den Hemmungsprozess durcheinanderbringt, was eine Kampf-Flucht-Reaktion auslöst und zu diesem „hyper-suggestiven" Zustand führt, den wir Hypnose nennen. Das bedeutet eine komplette Überlastung mit Sinneseindrücken führt dazu, dass wir eine Art Filter abschalten und dann sehr empfänglich für Einflüsse werden.

Da wir für uns selbst empfänglicher sind als für alle anderen Reize in unserer Umgebung, können wir in ein Muster verfallen, in dem wir Überzeugungen oder Verhaltensweisen an den Tag legen, die nicht gut für uns sind, aber wir handeln weiterhin so, weil wir das schon immer getan haben.

Jemand, der zum Beispiel weiterhin eine Arbeit annimmt, die deutlich unter seinen Fähigkeiten und seiner gewünschten Gehaltsstufe liegt, tut dies vielleicht, weil er oder sie einem unterbewussten mentalen Skript folgt, das besagt, dass dies das Beste ist, was er oder sie tun kann. Obwohl die Person den Wunsch äußert, eine lukrativere Karriere anzustreben, und obwohl sie über offensichtliche Fähigkeiten für diese Arbeit verfügt, versucht sie nicht einmal, eine andere Karriere anzustreben, weil sie an ihr ursprüngliches mentales Skript glaubt.

Ein weiteres Beispiel wäre eine innere Überzeugung von „Ich kann es nicht ändern." Dieser Satz hat dir möglicherweise in der Vergangenheit über viele schwere Situationen hinweggeholfen, aber er beinhaltet eben auch, dass du deiner Lebenssituation komplett ausgeliefert scheinst, weil du diesem unbewussten Skript hundertprozentig glaubst oder gar nicht mehr bemerkst, dass du dir selbst diesen Satz immer wieder vorsagst.

Um einer bereits hypnotisierten Person zu helfen, diesen Zustand zu verlassen, ist es ratsam, den Zustand der Person noch weiter zu vertiefen und ihr Unterbewusstsein daran zu hindern, negative Suggestionen oder Einflüsse aus der Umwelt anzunehmen. Dies muss vor der regulären Hypnotherapiesitzung geschehen, um die Ziele der Selbstverbesserung zu erreichen, die verwirklicht werden sollen. Dazu beschäftige ich mich mit dem Klienten / der Klientin um herauszufinden wann, wo und warum diese negativen mentalen Skripte entstanden sind. In sehr vielen Fällen gibt es interessanterweise eine positive Motivation, die als Grund für diese Programmierung vorliegt. Erst im zweiten Schritt werde ich die Person systematisch gegen die Umweltreize desensibilisieren, die die unerwünschten Reaktionen/Verhaltensweisen auslösen.

Wenn wir jedoch nicht auf die Gründe und Ursprünge kommen und niemand weiß, wie sich diese negativen mentalen Skripte entwickelt haben, werde ich keine Altersregression vornehmen, um die Ursprünge dieser negativen Überzeugungen zu erforschen und zu desensibilisieren. Stattdessen ist es sinnvoll hier einerseits auf die Verarbeitung im Schlaf durch Träumen zu setzen als auch die Selbstakzeptanz, die Selbstwertschätzung und die Selbstanerkennung zu erhöhen. Dieser Prozess ermöglicht es dir, die negativen Selbstgespräche, also das Geschwätz in deinem Kopf abzustellen und ein neues mentales Skript festzulegen, das die positiven Überzeugungen über deine Fähigkeiten verstärkt. Wichtig ist, dass du einfach weißt, dass es eben auch den umgekehrten Fall gibt, dass jemand in einer Art Dauerhypnose herumläuft und es am sinnvollsten ist, diese Person erst einmal herauszuholen aus der Beeinflussbarkeit von außen oder eben von den inneren Selbstgesprächen. Hierzu ist es notwendig, dass eine gewisse Selbstbeobachtung und Selbstkontrolle von dir im Alltag geübt wird und du schnell erkennst, wenn du in diesen Zustand gerätst. In der Hypnosesitzung muss deine logische Gehirnhälfte angesprochen werden, um deine Kontrolle zu verschärfen.

Aber noch wichtiger ist, dass du erlernst, wie du dich aus diesem Zustand herauszählen kannst, wenn du merkst, dass du zu Hause, bei der Arbeit, beim Autofahren oder zu jeder anderen Zeit in diesen Zustand gerätst.

Möglicherweise ist dir dieses Kapitel noch nicht ganz klar, deshalb möchte ich es dir nochmal an einem weiteren

Beispiel verdeutlichen, wie du durch Außen und auch dann von Innen in einen Zustand der negativen Programmierung kommen kannst.

Stell dir vor, jemand hat eine Krankheit, eine sehr belastende Krankheit. Er geht zum Arzt. Allein dieser Gang zum Arzt wird ihn schon überfordern mit Eindrücken und Wahrnehmungen, da eine gewisse Angst vorherrscht bezüglich der Diagnose, der Einschätzung seiner Lage durch den Arzt und der Ohnmacht der Krankheit gegenüber. Dann wird er vielleicht noch unfreundlich von der vollkommen überarbeiteten Dame am Empfang begrüßt und zurechtgewiesen, weil er seine Versichertenkarte vergessen hat. Nun ist es sehr voll in der Praxis und er muss warten. Innerlich wird er immer nervöser und die Hektik um ihn herum verunsichert ihn noch mehr. Bis er beim Arzt ins Sprechzimmer kommt, ist seine Aufnahmefähigkeit und sein Filter schon am überlaufen. Jetzt sagt ihm der Arzt, dass es sehr unwahrscheinlich ist, dass diese Krankheit besser wird. Er fügt hinzu, dass etwa 80 Prozent nach 2 Jahren sterben. Glaubst du, dass unser Patient hier

1.) Dem Arzt jedes Wort wörtlich glaubt?

2.) Sich Gedanken macht über eine andere Lösung?

3.) Sich immer wieder die Sätze des Arztes durch den
Kopf gehen lässt?

4.) Darüber nachdenkt, dass 20 Prozent überleben?

5.) Die Worte des Arztes als absolute Wahrheit
ansehen wird und nicht als das was es ist – eine
Wahrscheinlichkeit aufgrund von Statistiken?

6.) Usw.

In diesem Beispiel erfolgt also eine Programmierung durch Außen, die durch die Situation und deren Überlastung ungefiltert in das Unterbewusstsein sich einspeichert. In einer meiner Hypnose-Fortbildungen bei Dr. Steve Bierman berichtet er, dass er schon so oft erlebt hat, dass Patienten genau nach den vom Arzt festgelegten 2 Jahren versterben. Er selbst ist ein Verfechter von der genauen Wortwahl und dass Ärzte sich diese genau überlegen sollen, denn wenn der Patient durch Angst, Stress und Überlastung das eigene Filtersystem ausgeschaltet hat, dann ist das Wort des Arztes Gesetz und damit eine negative Programmierung des Unterbewusstseins.

Nun ist dies ein extremes Beispiel zur Verdeutlichung der negativen Konsequenzen einer Dauerhypnose im Alltag.

Sicherlich kennst du selbst die Situationen, in denen du dir unfreundliche Beschimpfungen gegen dich selbst durch den Kopf gehen lässt oder du alte Sätze, die du von deinen Eltern, Lehrern oder Geschwistern gehört hast, im Kopf wiederholst. Angefangen von „mir hilft keiner" zu „mich rettet niemand" zu „ich schaffe das alles nicht mehr" zu „ich bin zu nichts zu gebrauchen" und so weiter.

Wenn du das bemerkst, dann MUSST du bitte darauf achten, dass du dich ganz bewusst aus diesem Zustand rausholst. Wenn du schon einmal in einer Hypnose warst, dann wirst du dich erinnern, dass es ganz einfach ist, dich da wieder rauszuholen, denn dein Körper und dein Kopf haben das Rausholen schon erlebt. Dann geht das sehr einfach.

Wenn du noch nicht bei einer Hypnose warst, dann nimm einen tiefen Atemzug und entscheide dich sehr bewusst jetzt SOFORT aus dem Zustand rauszukommen, die logische Gehirnhälfte zu aktivieren und absolut maximal wach zu sein.

Um es zusammenzufassen: Du kannst in einem Dauerzustand der Beeinflussbarkeit sein und es nicht bemerken. Was du bemerkst, ist dass du alles Mögliche versuchst und deine Situation sich nicht ändert. Der erforderliche Schritt ist also nicht noch mehr Seminare, noch mehr Meditation, noch mehr Heiler, noch mehr Techniken zur Selbstfindung – nein, der erforderliche Schritt ist eher RAUS und „Aufwachen" aus der Dauerhypnose. Ich habe das schon sehr oft beobachtet, bei Menschen, die sich auf den Weg der energetischen Methoden gemacht haben. In vielen dieser Methoden geht es um die Ursprünge und Zusammenhänge des Problems. Zunächst ist dagegen nichts einzuwenden. Jedoch bedeutet diese innere Suche, dass die Aufmerksamkeit in die Vergangenheit geht und auch dort bleibt, weil alte Erlebnisse gesucht werden und die Beschäftigung mit der Suche des Ursprungs in eine Überforderung kippt. Einerseits steigt die Frustration über die gefühlte Starre, das heißt, es wird kein Fortschritt wahrgenommen. Andererseits ist man innerlich davon überzeugt, wenn ich die richtige Situation in meiner Vergangenheit finde, dann löst sich ein Knoten. NUR – bis sich der Knoten gelöst hat, bin ich in einer Dauerhypnose in meinem Alltag – sprich permanent geistig abwesend, und bemerke gar nicht, dass es einen inneren Stress gibt, der meinen kritischen Filter ausgeschaltet hat und vieles von dem was man mir sagt, was ich von anderen Leuten höre, geht ungefiltert in mein Unterbewusstsein und programmiert mich.

Ganz wichtig an dieser Stelle ist, dass es weitere Umstände gibt, die diesen Zustand der Dauerhypnose begünstigen. Dazu gehören längerer Stress, intensiver Stress wie Angst oder Trauma oder Schock, ABER auch Unterzuckerung (also eine Hypoglykämie), womit natürlich alle, die dauernd auf Diät sind und sich dem Zustand des Hungers aussetzen, damit rechnen müssen, dass sie sehr beeinflussbar sind, sowohl auf Informationen, die sie von außen aufnehmen, als auch von ihrem inneren Dialog. Also, wenn du zu denen gehörst, die ab und zu eine Diät machen oder gar noch häufiger, dann achte bitte genau darauf, dass du dir selbst fürsorgliche Gedanken vorsagst. Der Standard ist ja eher, dass du dich selbst ständig kritisierst und dich innerlich beschimpfst mit scharfen Kommentaren, die du keinem anderen Menschen jemals um die Ohren hauen würdest. Sobald dein Körper durch Unterzucker in den Stress-Modus kommt, ist dein innerer Filter nur eingeschränkt brauchbar und du bist in einem Zustand der leichten Programmierbarkeit. Ein Körper, der im Grunde Panik hat, dass es mit ihm bergab geht, kommt in den Überlebensmodus und ist natürlich daran interessiert genau abzuchecken, wie er am besten überleben kann. Da macht der sich keine Gedanken über Filter oder Wahrheiten bzw. Unwahrheiten. Wie du schon gelesen hast, ist Hypnose ein Zustand des Lernens und des Umprogrammierens. Um einen für dich besseren Inhalt, Glaubenssatz oder eine positive Anweisung in dein Unterbewusstsein zu setzen, muss der innere kritische Filter ausgeschaltet werden. Genau das passiert aber auch wenn du zu viel Hunger hast, wenn du zu viel Angst hast, wenn du zu viel Stress hast usw.

Diese Erklärung im letzten Abschnitt ist stark vereinfacht und umgangssprachlich dargestellt. Mir ist es an der Stelle nicht wichtig, dass ich beweise, wie gebildet man das ausdrücken kann. Mir ist es wichtig, dass du einen Einblick bekommst in die alltäglichen Vorgänge, die für dich ablaufen können und du möglicherweise erkennst, was dein eigentliches Problem ist.

Gelernt ist gelernt

Was genau denkst du über dich selbst? Was erwartest du von anderen Menschen?

Das Unterbewusstsein arbeitet mit Erwartungen und Vorstellungen. Im Laufe der Zeit lernen wir, aufgrund unserer früheren Erfahrungen mit anderen Menschen zu erwarten, dass diese auf eine bestimmte Weise auf uns reagieren und mit uns interagieren. Schließlich wird diese Behandlung Teil unseres unterbewussten mentalen Skripts, da wir auch lernen, die Botschaften oder die Emotionen zu verinnerlichen, die wir in diesen Interaktionen wahrnehmen. All das kann sich auf das Selbstvertrauen und das Selbstwertgefühl auswirken. Egal, wie die "Botschaft" lautet, je öfter du sie hörst und wiederholst, desto mehr fängt dein Unterbewusstsein an, diese Botschaft zu glauben und sogar zu "besitzen". Wenn alle um dich herum dich ständig mit so viel Kritik und Negativität bombardieren und dich sogar als Idiot oder eine andere abfällige Bemerkung bezeichnen, ist es nicht verwunderlich, dass dein Selbstvertrauen und dein Selbstwertgefühl einen Schlag erleiden. Es ist wirklich nur eine Frage der Zeit, bis du anfängst, an den negativen Unsinn zu glauben, und wenn du jung und beeinflussbar bist wie es, zum Beispiel, Kinder sind, braucht es sogar noch weniger Zeit, um ein negatives mentales Drehbuch zu erstellen. Vielleicht gehörst auch du zu den Kindern, die von ihren Eltern, Stiefeltern, Großeltern, Lehrern oder Mitschülern mit allen möglichen Beschimpfungen überrollt wurden. Vielleicht hattest du Eltern, die nie an dich geglaubt haben und nun hast du die innere Einstellung, dass es eine Frage der Zeit ist, bis dein Arbeitgeber und deine Kollegen/innen merken, dass du nichts draufhast. Möglicherweise warst du lange Jahre in einer Beziehung mit jemand, der/die deine Art nicht gut fand und du hast dich immer mehr zurückgezogen und versucht dich zu verändern, damit das Geschimpfe und die spitzen Bemerkungen aufhören. Oder du hast schnell bemerkt, dass du die falsche Person geheiratet hast und hast dann versucht jedem emotionalen Schmerz auszuweichen, indem du schnell gelernt hast, wie du dich verhalten musst, damit keine Kritik dich erreicht. Diese ganzen Beispiele führen dazu, dass du entweder auf dem Weg dich selbst umerzogen hast in das was du heute bist, um die Situation erträglich zu machen oder du hast mittlerweile vergessen, wer du ursprünglich warst. Wir lernen sehr schnell uns zu verändern, wenn es unserem Unterbewusstsein als sicherer erscheint und es damit eine mögliche Bedrohung abwenden kann. Ob das immer so gut ist für unser Fühlen und unseren Selbstwert, das steht auf einem anderen Blatt.

All diese gehörten, erlebten und erlernten Informationen haben zur Folge, dass deine Erwartungen an dein Umfeld sich auch verändert haben. Dinge, die du vor einer solch belastenden Beziehung als normal angenommen hast, sind irgendwann nicht mehr normal und du fängst an höflich zu fragen nach Selbstverständlichkeiten. Das wäre dir vor der Beziehung nicht eingefallen. Du erwischst dich selbst dabei, dass du es als Freude empfindest, dass dir jemand auf deine SMS antwortet, nachdem du mit jemandem zusammengelebt hast, der es immer wieder fertiggebracht hat, deine Nachrichten zu ignorieren. Du schmilzt dahin, wenn jemand dir beim Einkaufen ein Kompliment macht, denn in deinem Kopf gibt es nichts wofür du Komplimente bekommen könntest. Vielleicht findest du dich in einem dieser Sätze wieder? All das sind Programmierungen, die aktiv sind und zur Folge haben, dass deine Erwartungen an andere Menschen sich geändert haben. Spätestens hier ist es notwendig neue Programmierungen zu wählen und diese möglichst schnell in deinem Unterbewusstsein zu verankern. Genau deshalb ist Hypnotherapie eine sehr gute Methode und kann viel schneller Ergebnisse und Veränderungen bringen, die du auch spürst. Mach dir Gedanken darüber, was du nicht mehr haben willst in deinem Leben und mach dir Gedanken darüber, was du sehr gern haben willst und wer du eigentlich sein möchtest. Dann kannst du das maximale in einigen Hypnosesitzungen herausholen.

Wie funktioniert denn nun Hypnose?

Hypnose ist ein entspannter, veränderter Bewusstseins-zustand, der es dir ermöglicht, die Worte deines Therapeuten/in aufzunehmen, zu fokussieren und dich auf diese Worte und Anweisungen zu konzentrieren.

Du hast vielleicht das Gefühl, dass deine Gedanken abschweifen, aber in Wirklichkeit wird dein Bewusstsein abgelenkt, damit dein Unterbewusstsein den positiven Suggestionen eines klinischen Hypnosetherapeuten oder einer Hypnosetherapeutin Aufmerksamkeit schenken kann.

Mit Hypnose kannst du abnehmen, mit dem Rauchen aufhören, dein Selbstvertrauen stärken, deine Lernblockaden auflösen, deine Prüfungsangst besiegen oder einfach dein Leben zum Besseren verändern. Die Möglichkeiten sind unbegrenzt! Die Liste hast du ja bereits gesehen. Da aber viele Menschen mich immer wieder etwas verunsichert oder ängstlich fragen, wie solch eine Hypnose-Sitzung denn abläuft, möchte ich es für dich sehr gern aufzeigen, so dass auch du den Schwung findest diese Methode für dich auszuprobieren.

Im Grunde ist es für dich eine sehr einfache und entspannte Sache! Du vereinbarst einen Termin und dann musst du im Grunde nicht mehr viel tun. Bei mir ist es sowohl vor Ort möglich als auch bequem per Zoom online bei dir zu Hause. Das erspart dir auch noch die Anfahrt. Deine einzige Aufgabe ist es, dir einen Ort zu suchen an dem du ungestört entspannen kannst, denn wenn du dich entspannst, sinkt die Frequenz deiner Gehirnströme. Dabei hört der bewusste, kritische Teil deines Verstandes, der auf deine aktuellen Überzeugungen und Denkmuster reagiert, nicht zu, denn dieser ist mit Entspannen beschäftigt, oder mit der Hintergrundmusik oder mit deinem Atem. So wird der aktive kritische Faktor ausgeschaltet und dein Filter lässt einiges durch, was er sonst blockieren würde, da es nicht zu deinen Überzeugungen über dich selbst passt.

Nehmen wir an, du glaubst, dass du eine sehr angespannte und ängstliche Person bist, aber du magst diesen Aspekt an dir nicht. Stattdessen würdest du gerne mehr Frieden, Freude und Klarheit spüren. Wenn du im Wachzustand bist und deinen Therapeuten die Worte sagen hörst: "Du bist ein ruhiger und entspannter Mensch", würde sich dein bewusster, kritischer Verstand sofort einschalten und sagen: "Nein, das bin ich nicht!". Dein Filter würde dies sofort aussortieren. Aus diesem Grund ist es sehr schwer, unerwünschte Überzeugungen und Verhaltensweisen zu ändern, wenn du bei aktivem Bewusstsein und wach bist. Aber wenn du in Hypnose bist, ist dein Unterbewusstsein offen und empfänglich für die Suggestionen, die gegeben werden, während dein bewusster Verstand ganz woanders ist.

Du glaubst vielleicht, dass du dich in einem Schlafzustand befindest, wenn du hypnotisiert bist - aber das ist weit von der Wahrheit entfernt. Hypnose fühlt sich ganz normal an, weil du sie regelmäßig machst, ohne darüber nachzudenken. Tatsächlich begibst du dich im Laufe eines normalen Tages ganz von selbst in eine hypnotische Trance. Einige Beispiele für Situationen, in denen du dich in einem Zustand der Hypnose befindest, sind:

- Wenn du vergeistigt von einem Ort zum anderen fährst;
- Wenn du einem Tagtraum nachhängst;
- Wenn du ein Gespräch führst, aber deine Gedanken abdriften und du auf andere Gedanken kommst;
- Beim TV schauen, Film anschauen
- Du dich in einem guten Buch verlierst

Genau wie beim Tagträumen oder Fernsehen hast du die Kontrolle und dein Therapeut/in kann dich zu nichts zwingen, was du nicht tun willst. Dazu hast du ja weiter vorne bereits einiges zu den gängigen Hypnose-Mythen gelesen.

Wenn also eine Hypnosetherapeutin oder ein Hypnosetherapeut mit dir arbeitet, lässt du dich in einen entspannten und friedlichen Zustand versetzen. Diesen Zustand nennen wir eine hypnotische Trance. Sobald du dich in Trance oder in einer Selbsthypnose befindest, kann dein Hypnose-Therapeut/deine Therapeutin die therapeutisch wichtigen Suggestionen anwenden, die die von dir gewünschten Veränderungen einleiten.

Nach Ablauf der Hypnose-Sitzung wird dich dein Hypnose-Therapeut/in aus der Trance herauszählen und du wirst wieder hellwach sein. Aus meiner Erfahrung ist die typische Reaktion nach der Hypnose-Sitzung, dass meine Klienten es sehr schade finden, dass sie nicht noch länger in diesem Zustand bleiben konnten. Sie beschrieben es als eine unglaubliche Erfahrung von zeitgleicher Leichtigkeit und schöner körperlicher Schwere. Ich selbst beschreibe meine Erfahrung mit Hypnose meinen Klienten so: „Es ist ein Gefühl, von entspannter Schwere – so wie wenn du am

Strand liegst und alles ist perfekt. Du würdest sehr gern noch ein Getränk haben wollen, aber wer soll das holen? Denn du möchtest auf keinen Fall aufstehen oder gar die Hand anheben. Natürlich könntest du jederzeit aufstehen oder gar den ganzen Arm heben., aber schöner wäre es, wenn niemand danach fragt und dich dazu auffordert." Du siehst, es gibt also keinen Grund sich um den Ablauf Gedanken zu machen! Viel wichtiger ist es, wenn du Hypnose in Erwägung ziehst, dass du eine qualifizierte Hypnosetherapeutin oder einen qualifizierten Hypnosetherapeuten auswählst, die oder der bereits über viel Erfahrung verfügt. Lass den Preis oder die örtliche Nähe nicht der entscheidende Faktor sein. Denn dafür bist du zu wichtig!

Ich habe schon unzählige Klienten in meiner Praxis gehabt, die sich über ihre Erfahrungen mit anderen Hypnotherapeuten/innen auslassen und zum Teil Erfahrungen gemacht haben, die sie sehr unzufrieden gelassen haben. Von „der hörte mir gar nicht zu" über „die hat gar nicht wissen wollen, was mein wirkliches Problem ist" von „der wusste alles besser" zu „Ich fühlte mich bevormundet" und einiges mehr. Ich selbst würde nur zu Hypnotherapeuten/innen gehen, die dich auch

psychologisch auffangen können, wenn du in eine alte
(möglicherweise traumatische) Erinnerung fällst oder die
auch ganz klar einen psychotherapeutischen Plan mit
ergänzenden Methoden dir aufzeigen können.

In den nächsten Kapiteln habe ich dir eine kleine Auswahl
an Themen, die mit Hypnose gut zu bearbeiten sind.
Zusammengestellt. Sie dienen dazu, dir einen tieferen
Einblick zu bieten und auch einfach dazu, dir aufzuzeigen,
was möglich ist und wie es abläuft. Natürlich hätte ich
anhand der Liste direkt am Anfang des Buches, dir die über
100 Themen aufarbeiten können, aber dann wäre das Buch
so dick geworden, dass du es sicher nicht mehr lesen
wollen würdest. So habe ich mich auf ein paar Themen
beschränkt. Solltest du zu anderen Themen Fragen haben,
dann schreibe mir über das Kontaktformular meiner
Website www.tolevski.de. Ich freue mich auf deine Fragen.

Was bringt Hypnose beim Abnehmen?

Hypnose arbeitet mit deinem Unterbewusstsein, um dir zu helfen, dein gesundes Gewicht zu erreichen.

Es überrascht nicht, dass der häufigste Vorsatz für das neue Jahr der ist, die überflüssigen Pfunde zu verlieren, die dich vielleicht schon seit einiger Zeit verfolgen - noch bevor die Plätzchen und die Schokolade der Feiertage kamen.

Die meisten Menschen wissen, dass eine gesündere Ernährung und regelmäßiger Sport die Gewichtsabnahme erleichtern können und dass Übergewicht mit erheblichen Kosten für die Gesundheit und das Selbstwertgefühl verbunden ist. Dennoch gelingt es nur etwa 20% der Übergewichtigen, ihr Gewicht langfristig zu halten.

Zunächst einmal ist es wichtig zu wissen, dass es eine Reihe von körperlichen Faktoren gibt, die das Risiko für Übergewicht erhöhen können. Einige davon sind:

➢ Pränatale Faktoren (mütterliches Übergewicht, Schwangerschaftsdiabetes, mütterliches Rauchen)

- Gene
- Chemische Belastungen
- Hormonelle Faktoren (Schilddrüsenunterfunktion, Cushing-Syndrom usw.)
- Bestimmte Medikamente (z. B. einige Antidepressiva, Kortikosteroide, Medikamente gegen Krampfanfälle)
- Zu wenig Schlaf (was sich auf Insulin und andere Hormone auswirkt, die Appetit, Essverhalten und Gewichtszunahme beeinflussen)
- Die Einnahme von Antibiotika (verändert die Qualität der Darmbakterien)
- "Übergewichtfördernde" Lebensstilfaktoren (zu viel essen, ungesunde Lebensmittel essen und sich zu wenig bewegen)

Wir können zwar nicht in die Vergangenheit zurückgehen und unser vorgeburtliches Umfeld ändern und auch unsere Gene können wir nicht verändern, aber die Einführung und Beibehaltung eines gesunden Lebensstils kann viel dazu beitragen, Gewicht zu verlieren und das Wohlbefinden zu verbessern. Hier kann Hypnose besonders hilfreich sein.

ABER es gibt auch emotionale und unbewusste Faktoren, die die Pfunde am Körper halten: Übergewicht als "Lebenshilfe".

Dein Unterbewusstsein ist vielleicht der festen Überzeugung, dass die übergewichtfördernden Verhaltensweisen einen wichtigen Zweck erfüllen - dass sie wichtige "Werkzeuge" sind, die dir helfen, in irgendeiner Weise zu funktionieren, also eine Art „Lebenshilfe" und in manchen Fällen auch „Überlebenshilfe". Wenn nun ein Teil von dir glaubt, dass das Übergewicht oder die damit verbundenen Verhaltensweisen notwendig sind, ist es viel unwahrscheinlicher, dass du sie auf Dauer änderst. Hier sind einige gängige Beispiele:

- Essen, um das Wohlgefühl zu steigern.
- Essen, um Gefühle von Traurigkeit, Wut, Angst oder andere Emotionen abzubauen.
- Das Gewicht dient als Puffer zwischen dir und anderen, vor allem im Hinblick auf intime Beziehungen.
- Positive Identifikation mit anderen Menschen in deinem Leben - früher oder heute - die

übergewichtig sind oder waren. Dieser Punkt beinhaltet auch die Loyalität zum Beispiel zur leidenden, unglücklich verheirateten Mutter, die jedoch übergewichtig ist/war. Oder Vater, Großmutter, eben einer wichtigen Person in deinem Leben.

- Du setzt "gute Zeiten" mit kalorienreichen, zuckerhaltigen, fettigen oder verarbeiteten Lebensmitteln gleich.

- Dickmachende Lebensmittel oder Getränke werden als "Belohnung" dafür angesehen, dass du Schwierigkeiten ertragen hast, unter Krankheiten gelitten hast oder dich nicht geliebt gefühlt hast.

- Dickmachende Lebensmittel sind Belohnungen für "gutes Verhalten" oder Leistung. Sich übermäßig satt zu fühlen wird mit Bequemlichkeit assoziiert.

- Übergewichtfördernde Verhaltensweisen als Schutz vor der Angst, zu versagen, wenn du versuchst, abzunehmen.

- Gewicht als Mittel, um gegen andere zu rebellieren, die sich über dein Gewicht aufregen.

- Eine Möglichkeit, etwas mitzuteilen, ohne zu sprechen (z. B. den übrig gebliebenen Kuchen zu essen, um die Wut auf den Ehepartner oder die Eltern auszudrücken, anstatt die Situation zu besprechen, die dich wütend gemacht hat).

Aus der Forschung wissen wir, dass sich Hypnose gut mit anderen Strategien zur Gewichtsreduzierung und zum Stressabbau kombinieren lässt, z. B. mit Achtsamkeit, Entspannungstraining und Verhaltenstherapie. Einige Untersuchungen haben ergeben, dass die Kombination von Hypnose und Psychotherapie die Wirksamkeit von Hypnose zur Gewichtsreduzierung noch erhöht.

Es gibt sehr viele Studien über die Wirksamkeit von Hypnose in verschiedenen Zusammenhängen, unter anderem auch Gewichtsreduzierung und vor allem Stabilisierung des neuen erreichten Wunschgewichts. Wer mehr lesen mag dazu, kann unter dem Stichwort „Hypnose" und „Uni Tübingen" einige Artikel zur Vertiefung finden.

Wie Hypnose deinen Geist und Körper verändern kann

Hypnose kann dir helfen, unbewusste Hindernisse bei der Gewichtsabnahme zu verstehen und deine Erfolgschancen durch verschiedene Arten von positiven Suggestionen zu erhöhen. Einige Beispiele sind:

- ➤ Entwicklung eines "inneren Verbündeten", der dich dabei unterstützt, potenziell schwierige, aber notwendige Veränderungen vorzunehmen.
- ➤ Stärkung von Kompetenz und Selbstvertrauen durch ermutigende, bestätigende Sätze und Anweisungen.
- ➤ Visualisierung, dass du dein Ziel bereits erreicht hast und dich gut dabei fühlst.
- ➤ Zugang zu dem Teil deines Unterbewusstseins, der sich verändern möchte, und eine aktive Zusammenarbeit mit diesem Anteil.
- ➤ Tröste den Teil in dir, der Angst vor Veränderungen hat.
- ➤ Verstehe, warum du das Gewicht als Mittel einsetzen musstest.
- ➤ Die frühere "Nutzung" des Essens als ein Werkzeug, das jetzt sicher in den Ruhestand gehen kann.
- ➤ Visualisierung der neuen, gesünderen "Werkzeuge" zur Bewältigung, zum Umgang mit persönlichen Beziehungen und zur effektiven Kommunikation.

➢ Mentales Üben, um die Verwendung gesunder Verhaltensweisen zu automatisieren.

Zusammenfassend lässt sich sagen, dass derzeit sehr viele Menschen von Übergewicht betroffen sind und dass es für die meisten eine große Herausforderung ist, die überflüssigen Pfunde zu verlieren. Hypnose - entweder mit einer qualifizierten Fachkraft oder durch Selbsthypnose - kann dir dabei helfen, die unbewussten Gründe für dein Übergewicht anzusprechen und die überflüssigen Pfunde leichter loszuwerden.

Möglicherweise interessierst du dich für die Kombination von Hypnose und EFT (landläufig bekannt als das „Klopfen"). Hierzu habe ich einen Online Kurs erstellt, genau zum Thema „Löse die Gewichtsblockade". Du findest aber auch einiges zum Thema EFT auch bei Youtube.

Was bringt Hypnose bei Überlastung?

Wurdest du schon einmal von starken Schmerzen oder Beschwerden im Rücken oder in den Schultern geplagt, während du unter Zeitdruck an einem Projekt arbeitest oder dich mit Familien- oder Beziehungsproblemen auseinandergesetzt hast? Ist dir aufgefallen, dass diese Beschwerden vor allem dann auftreten, wenn du unter hohem emotionalem Stress stehst, dass sie aber auf wundersame Weise fast sofort wieder verschwinden, wenn das Problem gelöst ist? Wenn ja, könnten deine Symptome Teil des Verantwortungssyndroms sein, welche eine eindeutige Überlastung ist.

Dieses Überlastungs-Syndrom betrifft die Schultern, den oberen und unteren Rücken und die gesamte Wirbelsäule, wobei natürlich immer vorausgesetzt, dass keine medizinische Krankheit vorliegt. Zu den physiologischen Symptomen, die durch dieses Syndrom gekennzeichnet sind, gehören: Muskelverspannungen oder Muskelkrämpfe im Rücken, Schmerzen der oberen Wirbelsäule und Schmerzen der unteren Wirbelsäule. Wie bei anderen Körpersyndromen sind die Symptome, die dieses Syndrom betreffen, körperliche Manifestationen deiner Wahrnehmung, dass du einen Großteil der Verantwortung für das trägst, was in deiner Umgebung vor sich geht. Menschen, die unter diesen Symptomen leiden, äußern häufig die Überzeugung, dass sie "die ganze Welt auf ihren Schultern tragen".

Der Hintergrund hierbei ist, dass die verdrängte Energie dieser Erfahrung in ein körperliches "Symptom" des emotionalen Traumas umgewandelt wird, wenn eine Person eine Emotion unterdrückt oder nicht ausdrückt. Dieses Phänomen wird als Körpersyndrom bezeichnet. Es entstehen elektrische Impulse, die diese Informationen durch den Körper tragen. Diese Impulse führen schließlich zu körperlichen Beschwerden in den Bereichen des Körpers, die mit einer bestimmten verdrängten Emotion verbunden sind. Sobald wir wissen, welche Emotion sich manifestiert, können wir das Syndrom behandeln,

Es bietet sich an hier hypnotherapeutische Maßnahmen anzuwenden, die dir helfen, deine Beschwerden zu lindern und/oder zu kontrollieren. Jedoch solltest du im zweiten Schritt mit Hypnose und therapeutisch geführten

Imaginationstechniken dabei unterstützt werden, deine beruflichen und außerberuflichen Ziele zu erreichen. Du solltest also die ursprüngliche Belastung abstellen, was in vielen Fällen -aus meiner Erfahrung- eine Stabilisierung des Selbstwertes und des Selbstbewusstseins sein kann, so, dass du einen besseren Durchblick hast, wenn du manipuliert wirst und dich eindeutig besser abgrenzen kannst. Du springst nicht mehr an auf alle Verantwortung und hast auch nicht mehr Schuld an allem.

Konkret bedeutet das:

Wenn ich jemanden behandle, der ein Überlastungs-/ Verantwortungssyndrom hat, untersuche ich zunächst, welche emotionale "Last" der Klient/in unbewusst mit sich herumträgt. Als Nächstes würde ich den Klienten dabei unterstützen, die Intensität des Reizes, der das körperliche Symptom auslöst, zu neutralisieren. Ergänzend würde ich auch therapeutische geführte Bilder einsetzen, um der Person wirksame Techniken zur Schmerzbewältigung beizubringen, die ihr helfen, mit den körperlichen Beschwerden umzugehen und ihre normalen Aktivitäten fortzusetzen oder wieder aufzunehmen. Ich kombiniere sehr gern auch EFT mit Hypnose. EFT ist ebenfalls nützlich, um die Wahrnehmung der Person zu verbessern, dass sie in der Lage ist, ihre emotionalen Auslöser zu kontrollieren und zu beherrschen. Hypnotherapeutische Techniken sind ebenfalls nützliche Werkzeuge, um verschiedene Möglichkeiten zu erkunden, wie der Klient schnell und effektiv zwischenmenschliche und/oder praktische Konflikte lösen kann, von denen er glaubt, dass sie ihn daran hindern, sein Leben zu genießen. Auf diese Weise kann Hypnose der Person helfen, überwältigende Verantwortungsgefühle loszulassen und sich auf die eigentlichen Lebensziele zu konzentrieren und diese zu erreichen.

Was bringt Hypnose bei Ängsten?

Wenn du eine bestimmte Angst oder Phobie hast, bist du nicht allein. Nach Angaben verschiedener Gesundheitsstatistiken sind Ängste und Phobien sehr verbreitet. Sie können leicht, mittelschwer oder schwer sein. Lähmende Ängste und Phobien können dich davon abhalten, dein Bestes zu geben und ein Leben zu führen, das dir Spaß macht. Aber du musst nicht so leben. Zum Glück kann Hypnose ein wirksames Mittel sein, um tief verwurzelte Ängste zu bekämpfen. Hypnosetherapie eignet sich hervorragend als Ergänzung zu anderen Psychotherapiemethoden. Aus meiner Erfahrung ist es bei Ängsten oftmals ein viel kürzerer Prozess als du dir das nach jahrelanger Angst vorstellen kannst. Außerdem können Hypnosetherapiesitzungen auch für sich allein genommen sehr effektiv sein. Hier erfährst du, wie Hypnose gegen Angst funktioniert.

Aber, funktioniert Hypnose, um Phobien und Ängste loszuwerden?

Die kurze Antwort lautet: Ja! Hypnose funktioniert, um sowohl Phobien als auch Ängste loszuwerden. Eine Studie deutet sogar darauf hin, dass die Kombination von Hypnose, mit anderen psychotherapeutischen Methoden gegen Phobien, die Wirksamkeit erhöht.

Außerdem zeigt eine andere Studie, dass Menschen mit Phobien sogar noch leichter hypnotisierbar sind als "durchschnittliche" Menschen. Mit anderen Worten: Sie sind eher in der Lage, in eine hypnotische Trance zu fallen und von der Hypnose zu profitieren. Hypnose ist auch ein wirksames Mittel gegen Angst- und Stressstörungen, die oft mit einer bestimmten Phobie oder Angst einhergehen.

Um zu verstehen, wie Hypnotherapie bei deinen Phobien helfen kann, sollten wir uns zunächst einmal ansehen, was eine Phobie ist.

Eine Phobie ist eine intensive Angst und/oder irrationale Furcht vor etwas. Zu den häufigsten Ängsten gehören die Arachnophobie (Angst vor Spinnen), die Ophidiophobie (Angst vor Schlangen), die Akrophobie (Höhenangst), die Aerophobie (Flugangst), die Trypanophobie (Angst vor Nadeln), die Cynophobie (Angst vor Hunden), die soziale Angststörung (soziale Phobie) und die Agoraphobie (Angst vor Situationen, in denen die Flucht schwierig ist).

Während manche Phobien nur in bestimmten Situationen lästig werden, können andere Phobien jeden Tag ein Problem sein. Wenn eine Phobie schwerwiegend genug ist, kann sie dazu führen, dass du bestimmte Menschen, Orte oder Aktivitäten meidest. Eine lähmende Angst oder Phobie kann sich natürlich negativ auf dein Leben auswirken.

Wenn du dich deiner Phobie aussetzt (egal, ob du dich ihr physisch aussetzt oder auch nur an sie denkst), kann das zu Angstsymptomen führen. Zu diesen Symptomen gehören Panikgefühle (oder eine Panikattacke), Schwindel, Herzklopfen, Brustschmerzen, Schweißausbrüche, Atemnot und Übelkeit. Leider kommt es in sehr vielen Fällen, allein schon durch die körperlichen Symptome zu einer „Angst vor der Angst", was die ganze Sache auch noch verstärkt. Es ist also wichtig, dass du deine Phobien in den Griff bekommst, und Hypnose kann dabei helfen.

Meistens sind Phobien in deinem Unterbewusstsein verwurzelt, also in dem Teil, der deine alltäglichen Gedanken und Verhaltensweisen kontrolliert. Hypnose kann dir dabei helfen, Zugang zu deinem Unterbewusstsein zu bekommen, und ist daher eine hervorragende Methode, um deine Phobie zu bekämpfen.

Phobien lösen eine Angstreaktion auf einen bestimmten Reiz aus, zum Beispiel in einem überfüllten Restaurant. Die Hypnosetherapie hilft dir, diese Angstreaktion zu erkennen und zu verlernen, so dass du die Angst nicht mehr mit dem Reiz verbindest. Du hast umgekehrt diese Reaktion in der Vergangenheit erlernt und ebenso kannst du sie verlernen und durch eine gelassenere Reaktion ersetzen.

Es gibt also verschiedene Möglichkeiten, wie Hypnose dir helfen kann, deine Ängste zu überwinden. Hypnose kann dir, wie gerade erwähnt, dabei helfen, deine ungesunden Bewältigungsmechanismen zu erkennen und sie durch gesündere zu ersetzen. Sie kann dir auch helfen, das Selbstvertrauen zu entwickeln, das du brauchst, um dich deinen Ängsten zu stellen. Dazu werden unbewusste Glaubenssätze, die dein Selbstvertrauen und dein Selbstwertgefühl einschränken, aufgedeckt und gelöscht.

Hypnotherapie kann dir auch dabei helfen, die Ursache für deine Phobie zu finden. Ganz gleich, ob es sich um ein Ereignis in deiner Kindheit handelt oder um einen Glaubenssatz, den du im Laufe der Jahre verinnerlicht hast, Hypnose kann dir helfen, ihn zu beseitigen. Und schließlich kann die Hypnose dir helfen, deine Ängste neu zu erleben. So kannst du dich als selbstbewusst und nicht als Opfer deiner Phobie sehen.

Wenn du also eine Hypnotherapie beginnst, gibt es verschiedene Hypnosetechniken, die zur Anwendung kommen können.

Regressionshypnose

Bei dieser Form der Hypnose leitet dich dein/e Therapeut/in an, den Moment, der deine Phobie ausgelöst hat, gedanklich Revue passieren zu lassen. Sobald du das Ereignis, das deine Angst ausgelöst hat, bestimmt hast, führt dich dein/e Therapeut/in durch ein "distanziertes Anschauen" dieses Ereignisses. So kannst du mit deiner Phobie so umgehen, dass du dich sicher fühlst und die Phobie verschwindet. Sie kann dir auch dabei helfen, dir vorzustellen, wie du dich gefühlt hast, bevor du die Phobie entwickelt hast, damit du dich in diesem Gefühl verankern kannst. Du musst über das distanzierte Anschauen der Situation nicht besorgt sein, denn ein/e gut ausgebildete Hypnotherapeut/in wird dich jederzeit zurückholen, sobald es unangenehm werden sollte. Doch meist wird der gesamte Vorgang eher wie auf einer Kinoleinwand betrachtet und ist damit emotional weiter weg von dir selbst.

Visualisierungshypnose

Wenn ein bestimmtes Ereignis deine Phobie ausgelöst hat (z. B. ein Autounfall), kann dir die Hypnose helfen, dir ein anderes Ergebnis vorzustellen. Ob du es glaubst oder nicht, deine Vorstellungskraft hat - vor allem im hypnotischen Zustand - die Macht, die Reaktionen deines Gehirns auf die Phobie neu zu gestalten.

Ego-Stärkende Hypnose

Es mag überraschen, dass auch ein geringes Selbstwertgefühl zu Ängsten und Phobien beitragen kann. Auch hier kann Hypnose helfen. Hypnose kann die Ich-

Stärkung unterstützen, um das Selbstwertgefühl zu verbessern. Dies kann geschehen, indem du die einschränkenden, selbstkritischen Überzeugungen, die du derzeit in deinem Unterbewusstsein gespeichert hast (und über du dir vielleicht nicht einmal bewusst bist), identifizierst und ansprichst. Sobald du sie angesprochen hast, kannst du daran arbeiten, sie durch aufbauende, ermutigende Glaubenssätze zu ersetzen.

Wenn du eine Phobie oder Ängste entwickelt hast, versuche, nicht so streng mit dir zu sein. Denke daran, dass deine Phobie und deine Ängste nicht deine Schuld sind. Dein Bewusstsein hat nicht beschlossen, eine Angst zu haben, die dir das Leben schwer macht. Stattdessen haben sich deine Phobien wahrscheinlich auf eine Weise entwickelt, auf die du keinen Einfluss hattest - zum Beispiel als Folge deiner Erziehung oder als Reaktion auf ein traumatisches Ereignis. Die gute Nachricht ist, dass du mit Hilfe von Fachleuten und Hypnose etwas dagegen tun kannst.

.

Was bringt Hypnose beim Reden vor Gruppen?

Das Gebiet der Rhetorik und „vor Gruppen sprechen" ist eines meiner absoluten Steckenpferde. Ich möchte, dass jede Frau und jeder Mann in den Zustand kommt, sich fit genug zu fühlen, um vor Gruppen reden zu können. Den Menschen die Angst vor der Redeangst zu nehmen, ist in den meisten meiner Rhetorik-Seminare der Hauptfokus. Hypnose kann dir helfen, deine Angst vor öffentlichen Auftritten zu überwinden, indem du die zugrunde liegenden Überzeugungen, die deine Angst auslösen, identifizierst und auslöschst.

In diesem Kapitel möchte ich etwas zu der Angst vor öffentlichen Auftritten, auch bekannt als Glossophobie, sagen. (Glossophobie: die Angst vor öffentlichen Reden)

Öffentliches Reden kann beängstigend sein. Es ist normal, nervös zu sein, egal ob du vor einem Raum voller Kollegen oder vor einem Publikum mit Hunderten von Menschen sprichst. Unabhängig davon, wo du vor Publikum sprichst, kann sich Glossophobie auf unangenehme Weise äußern.

Schweißnasse Handflächen, Herzklopfen, Schmetterlinge im Bauch und ein Engegefühl im Hals - das sind nur einige der vielen Symptome von Glossophobie. Wenn du vor einem öffentlichen Auftritt unerwünschte Symptome verspürst, kann es sein, dass du an einer Form von dieser Angst leidest. Studien haben ergeben, dass diese Angst verbreiteter ist als die Angst vor dem Sterben. Somit: wenn du Angst vor öffentlichen Auftritten hast, bist du in der Mehrheit. Glossophobie ist eine der am weitesten verbreiteten Ängste. Satte 77% der Bevölkerung zählen das Sprechen in der Öffentlichkeit zu ihren Ängsten.

Manche Menschen kommen mit einem minimalen Auftritt in der Öffentlichkeit aus, und für diese Menschen bleibt diese Angst im Verborgenen. Andere müssen jedoch öffentlich sprechen, um in ihrem Beruf erfolgreich zu sein.

Wenn du in deinem Beruf viel in der Öffentlichkeit sprechen musst, gibt es Hoffnung. Die Angst vor öffentlichen Auftritten kann mit der richtigen Hilfe verschwinden.

Was sind die Ursachen für die Angst vor öffentlichen
Auftritten?

Es gibt viele Gründe, die dazu führen können, dass du
Angst hast, im Rampenlicht zu stehen. Einer der häufigsten
ist, dass du einfach Angst hast, von anderen beurteilt zu
werden. Vielleicht fühlst du dich auch unvorbereitet (auch
wenn du dich gut vorbereitet hast) oder du hast das
Gefühl, dass deine Präsentation nicht gut genug ist.
Vielleicht vergleichst du dich auch mit anderen
Rednerinnen und Rednern, machst dir Sorgen, albern
auszusehen, oder hast Angst vor Ablehnung.

Diese Gründe können mit tief verwurzelten
Überzeugungen über deinen Wert oder deine Bedeutung
zusammenhängen. Oder du hast starke negative
Erinnerungen an eine Zeit, in der du beurteilt wurdest, was
dein Selbstvertrauen beim Sprechen heute beeinflussen
kann. Möglicherweise bist du dir dieser Überzeugungen
oder Erinnerungen nicht bewusst, aber auch wenn du dir
dessen nicht bewusst bist, können sie dich und deine
Redefähigkeiten beeinflussen. Die meisten unserer
Motivationen, Ängste und Handlungen sind auf Faktoren
zurückzuführen, die uns nicht bewusst sind. Diese

Vorstellungen sind im Unterbewusstsein verwurzelt, das einen Großteil unseres Verhaltens beeinflusst.

Wenn du unter der Angst vor öffentlichen Auftritten leidest, kannst du vor, während und sogar nach deinem Auftritt Symptome haben, wie:

- Übelkeit, Erbrechen oder Magenverstimmung
- Hoher Blutdruck
- Schnelles Herzklopfen
- Eine Fluchtreaktion (z.B. der Wunsch, wegzulaufen)
- Starre (z. B. die Unfähigkeit, mit der Präsentation fortzufahren)
- Angespannte Muskeln
- Schwitzen
- Unkontrollierbares Zittern
- Trockener Mund
- Unangenehme körperliche Empfindungen, wie Kribbeln in Armen und Beinen
- Panikattacken
- Kurzatmigkeit
- Gefühl von Schmetterlingen im Bauch oder in der Brust

Dies ist natürlich keine vollständige Liste der Symptome.

Es ist auch bekannt, dass Menschen mit Ängsten dazu neigen, sich auf das Negative zu fixieren und eine verzerrte Sicht der Realität zu haben. Beides zusammen führt dazu, dass sie glauben, dass ihre Angst wahrscheinlicher ist, als sie tatsächlich ist.

Es ist normal, dass du eine Art Lampenfieber hast, denn das haben oftmals auch gestandene Künstler, Schauspieler und Musiker. Aber Lampenfieber ist wesentlich erträglicher als eine wirkliche Angst, die sich nahezu (lebens-) bedrohlich anfühlen kann.

Hypnose ist eine effektive Methode, um die Angst vor öffentlichen Auftritten zu bekämpfen. Sie hilft dir, die unterbewussten Überzeugungen und Erinnerungen zu erkennen und zu beseitigen, die deine Redeangst auslösen.

Die beste Nachricht ist, dass Hypnose oft schnell wirkt, sogar in nur 1-2 Sitzungen könntest du deine Angst vor den öffentlichen Reden los sein. Aber Hypnose ist auch bei der Reduzierung von Symptomen der generalisierten Angststörung nachweislich wirksam.

Vielleicht kennst du sogar einige Menschen, die mit Hypnose ihre Angst vor öffentlichen Auftritten überwunden haben. Es gibt auch viele bekannte

Persönlichkeiten, die ihre Angst vor öffentlichen Auftritten mit Hypnose überwunden haben. Ich glaube, selbst Prinzessin Diana war eine dieser Personen.

Um deine Angst vor öffentlichen Auftritten an der Wurzel zu packen, musst du also Zugang zu deinem Unterbewusstsein finden. Hypnose ist der beste Weg, um das zu tun. So kannst du direkt auf dein Unterbewusstsein zugreifen und es zum Besseren verändern. Du veränderst dein Unterbewusstsein durch hypnotische Suggestionen, die dir helfen, die Ängste, Erinnerungen und Überzeugungen zu zerstören, die zu dem Problem beitragen. Nach einer erfolgreichen Hypnotherapie fühlst du dich bereit, das öffentliche Reden zu erobern.

Somit ist Hypnose ist eine der wirkungsvollsten Methoden, um positive Veränderungen in deinem Leben herbeizuführen, sei es, dass du deine Angst vor dem Reden in der Öffentlichkeit verlierst, selbstbewusster wirst oder andere positive Veränderungen vornimmst, von denen du weißt, dass du sie brauchst.

Was bringt Hypnose beim Lernen und bei Tests?

Hypnose für Lern- und Prüfungsfähigkeiten funktioniert sehr gut. Das ist vielleicht die gute Botschaft an alle, die selbst etwas Neues lernen müssen oder sich mit Kindern und Jugendlichen beschäftigen.

Hypnose eignet sich sehr gut, um das Gedächtnis und die Konzentration zu verbessern, denn dein Unterbewusstsein hat bereits ein perfektes Gedächtnis.

Hast du dich schon einmal intensiv auf eine Prüfung vorbereitet, nur um dann vor lauter Nervosität die Prüfung nicht zu schaffen? Es gibt nichts Schlimmeres, als hart zu arbeiten und dann nicht das Ergebnis zu bekommen, das du verdient hast. Wenn du vor einer großen Prüfung stehst, bei der du dir viele Informationen merken musst, fühlst du dich vielleicht überfordert und zweifelst daran, dass du dich an deine Notizen erinnern kannst, wenn die Prüfung ansteht.

Die Angst vor dem Scheitern kann dich so sehr beschäftigen, dass du dich selbst davon abhältst, die Ergebnisse zu erreichen, für die du so hart gearbeitet hast. Zum Glück gibt es einen Weg, deine Hindernisse zu überwinden, und der beginnt auch hier mit deinem Unterbewusstsein.

Du bist, was du denkst! Denn deine persönlichen Überzeugungen können sehr leicht die die Prüfungsangst verschlimmern. Die Worte und die Sprache, die du in deinen täglichen Gesprächen verwendest, haben einen großen Einfluss auf deine Fähigkeit, dir wichtige Informationen zu merken und abzurufen. Wobei Gespräche sowohl die Kommunikation mit deinem Umfeld bedeutet als auch deinen inneren Dialog, der ständig in deinem Kopf abläuft.

Viele meiner Klientinnen und Klienten sagen mir: "Ich habe ein unglaublich schlechtes Gedächtnis!" oder „ich kann mir keine Zahlen merken!" oder „ich kann mir keine Gesichter und Namen merken!", ohne zu wissen, dass sie damit eine innere Überzeugung aufrechterhalten, die sich im schlimmsten Fall auswirken wird.

Alles, was du über dich selbst sagst, erzeugt Überzeugungen und bestätigt bestehende Überzeugungen in deinem Unterbewusstsein. Folglich erschaffst du die Umstände, die diese Überzeugungen als wahr bestätigen. Die Aufgabe einer Hypnotherapeutin/ eines

Hypnotherapeuten ist es, dir beizubringen, wie du deinen Verstand nutzen kannst, um mehr von dem zu bekommen, was du willst und weniger von dem, was du nicht willst. Mit Hypnose kannst du ganz einfach zu deinem perfekten Gedächtnis finden. Ebenso kannst du deine Konzentration erhöhen und deine Lerninhalte besser erlernen.

Die meisten Menschen haben zwei Probleme: Erstens macht es die Art der Lerninhalte, die zu lernen sind, es für die meisten schwierig, motiviert zu bleiben, den Stoff zu lesen und zu lernen. Zweitens kämpfen viele damit, an die eigenen Fähigkeit zu glauben und auf einem guten Lernniveau zu bleiben. Je näher der Tag der Prüfung kommt, desto nervöser werden sie und desto mehr beginnt der Zweifel er an sich selbst.

Die Hypnose bietet hier die Möglichkeit, dein Vertrauen in deine Fähigkeit, die Informationen leicht aufzunehmen und zu behalten, zu stärken und gleichzeitig die tief konditionierten Glaubenssätze anzusprechen, die dein Unterbewusstsein über dein vermeintlich "schlechtes" Gedächtnis hat, um diese positiv zu verändern.

Wenn du also vor einer wichtigen Prüfung stehst, kann dir Hypnose für das Gedächtnis den nötigen Vorsprung verschaffen, um dich von deinen bisherigen Ergebnissen abzuheben und an der Spitze deines Spiels zu bleiben.

Was bringt Hypnose für deinen Selbstwert?

Hypnose ist ein sicheres und wirksames Werkzeug, das die zugrunde liegenden Überzeugungen und Verhaltensmuster, die ein geringes Selbstwertgefühl verursachen, effektiv beseitigt.

Wenn du genug von den bohrenden Gefühlen der Minderwertigkeit hast, die dich zurückhalten, ist die Hypnosetherapie die ideale Lösung, um deine Fähigkeit zu entdecken, dich so zu akzeptieren, wie du bist.

Was ein niedriges Selbstwertgefühl verursacht ist vielschichtig und sicherlich auch abhängig davon, was du im Laufe deines Lebens alles erlebt und vor allem gehört hast. Von dem Moment an, in dem du geboren wirst, wirst du mit Bildern und Botschaften aus den Medien, der Gesellschaft und von deinen Eltern, Lehrern und Erziehungsberechtigten bombardiert, die dir zwei Dinge sagen:

1. Du bist nicht gut genug!
2. Du kannst nichts besonders gut, die anderen sind besser als du!

Unsere Gesellschaft misst den Selbstwert an äußeren Faktoren wie Geld, Aussehen und sozialem Status. Doch, wenn man es genauer betrachtet, dann bemerkt man, das ist alles nur eine Illusion, denn keines dieser Dinge bringt dir dauerhaftes Glück, Widerstandsfähigkeit oder Selbstwertgefühl. Hypnose für Selbstvertrauen kann dir helfen, dich von dieser Illusion zu befreien.

Es ist bemerkenswert, dass fast alle Probleme heruntergebrochen werden können auf die Ursache eines niedrigen Selbstwerts. Deshalb baue ich in nahezu allen Hypnosen auch einen Teil ein, der die Stärkung des eigenen Selbstvertrauens beinhaltet. Denn echtes Selbstvertrauen lässt sich nicht kaufen, verkaufen, stehlen oder erschwindeln. Es ist ein innerer Frieden, der tief aus deinem Unterbewusstsein kommt und nichts mit deinen äußeren Umständen zu tun hat. Es hat nichts mit den äußeren Umständen zu tun. Sich auf äußere Umstände zu verlassen, um sich gut zu fühlen, ist eine fadenscheinige Behauptung. Echtes Selbstvertrauen ist unerschütterlich und kommt aus einem tiefen Gefühl der Zufriedenheit und des Friedens, das nur durch Training deines Geistes kultiviert werden kann.

Hypnose für Selbstwertgefühl gibt dir die Bausteine für Selbstwert, Leichtigkeit und inneren Frieden, die es dir ermöglichen, dein Leben in vollen Zügen zu leben, ohne dich zurückzuhalten oder zu verstecken.

Glaube nicht an die Geschichten, die dir dein innerer Kritiker erzählt. Der innere Kritiker ist oftmals nur der verlängerte Arm von jemand oder mehreren Leuten aus deiner Vergangenheit! Viele meiner Klienten erzählen mir, dass sie die negativen Gedanken loswerden wollen, die ihnen sagen, dass sie nie gut genug sein werden. In Wahrheit kannst du die negativen Gedanken nicht loswerden, denn sie kommen von deinem inneren Kritiker und jeder Mensch auf der Welt hat einen inneren Kritiker. Aber du kannst lernen, diese durch ein Gegengewicht an mutmachenden Gedanken niedrig zu halten. Der Unterschied zwischen glücklichen, mutigen und selbstbewussten Menschen und unglücklichen Menschen besteht darin, dass glückliche Menschen in der Lage sind, zu erkennen, wann der innere Kritiker spricht und den Geschichten, die er ihnen zu erzählen versucht, keine Beachtung schenken.

Wie oft ist es dir schon passiert, dass du in eine Trance der Minderwertigkeit abgerutscht bist, dass ein Gedanke zum nächsten führte und du dich hoffnungslos, nutzlos und deprimiert fühltest? Dein innerer Kritiker ist nicht das Problem - es ist die Art und Weise, wie du auf deinen inneren Kritiker reagierst, die all den Schmerz und das Unglücklichsein verursacht.

Was für dich vielleicht neu ist, ist die Tatsache, dass du Lernen kannst, zuversichtlich zu sein.

Mit der Hilfe eines qualifizierten Hypnotherapeuten/in kannst du die negativen unterbewussten Überzeugungen, die dich dazu bringen, dich selbst zu hassen oder abzulehnen, ändern und lernen, dich so zu behandeln, wie du deinen besten Freund behandeln würdest. Eine Hypnose kann dir helfen, deinen Verstand so zu trainieren, dass er die Geschichten, die dir dein innerer Kritiker erzählt, nicht mehr glaubt und sich stattdessen auf deine positiven Eigenschaften konzentriert.

Wenn du dich auf die Dinge konzentrierst, die du an dir magst, werden sie wachsen und sich ausbreiten, ebenso wie dein Selbstvertrauen, deine innere Ruhe und dein Selbstwertgefühl. In einer Hypnose kannst du lernen, deinen inneren Kritiker zu erkennen, anstatt dich in der Geschichte zu verstricken, die er dir erzählt.

Du kannst ebenso dein Selbstvertrauen und dein Selbstwertgefühl stärken und die Glaubenssätze und Denkblockaden loslassen, die dich in einer Trance der Minderwertigkeit festhalten

Es gibt Menschen, die für alle anderen mutig, selbstsicher und erfolgreich zu sein scheinen. Sie sind möglicherweise führend auf Ihrem Gebiet und viele Menschen bewundern und respektieren sie. Aber manchmal sind diese Menschen zwar sehr gut darin, Selbstvertrauen vorzutäuschen, doch tief in ihrem Inneren spüren sie es nicht wirklich. Manche haben sogar Angst, dass andere Menschen herausfinden könnten, dass alles nur eine Show ist und dass sie im Grunde nur kleine Lichter sind. Denn genau das spüren sie in ihrem Inneren. Sie haben tiefsitzende Überzeugungen, die zu einem unglaublich niedrigen Selbstwertgefühl führen, aber sie verbergen dies mit einem falschen Selbstbewusstsein. Allein diese Tatsache bedeutet eine sehr hohe Anspannung und Stress für diese Menschen.

Hier sind eben genauso unterbewusste Überzeugungen am Werk, und auch ein gnadenloser innerer Kritiker, der offensichtlich unermüdlich seinen negativen Einfluss ausübt. Wenn du mit Selbstverurteilung und geringem Selbstvertrauen kämpfst oder dir unsicher bist, wo dein

Platz in der Welt ist, kann eine Hypnotherapie dir helfen, wie du ein tiefes inneres Selbstvertrauen kultivieren kannst, das auf den Rest der Welt ausstrahlt. Die Hypnosetherapie für Selbstvertrauen ist ein unverzichtbares Werkzeug, das dich mit deinem strahlenden inneren Ich in Kontakt bringt, welches schon viel zu lange in dir verschlossen ist.

Was bringt Hypnose beim Rauchen?

Wenn du dieses Kapitel liest, ist dir wahrscheinlich bewusst, wie schädlich das Rauchen von Zigaretten für deine Gesundheit ist. Wahrscheinlich möchtest du aufhören, aber mit dem Rauchen aufzuhören kann eine mentale und körperliche Herausforderung sein. Um mit dem Rauchen aufzuhören, musst du dir das Rauchen abgewöhnen, was oft bedeutet, dass du die Zigaretten durch E-Zigaretten oder andere nikotinhaltige Alternativen ersetzt. Aber was wäre, wenn ich dir sagen würde, dass es einen ganz natürlichen Weg gibt, mit dem Rauchen aufzuhören, der weder Nikotin noch andere Ersatzstoffe beinhaltet?

Die Hypnotherapie zur Raucherentwöhnung ist eine wissenschaftlich fundierte Therapie. Sie hilft Menschen nachweislich dabei, endgültig mit dem Rauchen aufzuhören. Sie hilft dir, die psychologischen Gründe für deinen Griff zur Zigarette zu bekämpfen - etwas, was Nikotinpflaster, Nikotinlutschtabletten und Nikotinkaugummis nicht können. Außerdem ist die Hypnotherapie sehr sicher und wirkt schnell. Sie ist eine gute Option, wenn du dich gerade entschieden hast, mit dem Rauchen aufzuhören.

Denk daran, dass es nie zu spät ist, mit dem Rauchen aufzuhören. Dein Körper fängt fast sofort nach der letzten Zigarette an, sich selbst zu reparieren und zu regenerieren.

Als ob das nicht schon genug wäre, kann Rauchen sogar dein Liebesleben und andere Beziehungen beeinträchtigen. Eine Studie aus dem Jahr 2017 ergab, dass Menschen Raucher/innen weniger attraktiv finden als Nichtraucher/innen. Der Trend in der Gesellschaft geht eindeutig zum Nichtrauchen. Ich höre so oft in meinen Kursen, wie unangenehm sich manche Raucher fühlen, wenn sie vor der Tür des Restaurants -zum Teil alleine- stehen müssen und rauchen. Zum Teil haben sie sogar das Gefühl als ob sie schief angeschaut werden.

Auch das Geld spielt eine Rolle. Aber das brauche ich dir ja nicht extra zu sagen. Eine Frau in meinem Kurs, erzählte der Kurs-Gruppe, dass einer ihrer größten Wünsche ein Wochenende in einem Wellness-Hotel sei, sie sich das jedoch nie leisten kann. Wir haben dann ausgerechnet, dass sie sich nach der Raucherentwöhnung mit dem übrigen Geld alle 6 Wochen einen Aufenthalt im Wellness-

Hotel leisten kann. Allein diese Information hat sie sehr motiviert die Raucherentwöhnung durchzuziehen.

Die Vorteile der Raucherentwöhnung hast du dir sicher schon mehrfach überlegt, dennoch möchte ich es nochmal anführen.

Wenn du endgültig mit dem Rauchen aufhörst, verschwinden all diese Probleme entweder ganz oder werden weniger häufig. Außerdem kannst du dich auf die folgenden gesundheitlichen Vorteile freuen:

- Deine Lungenfunktion verbessert sich
- Dein Risiko für Krebs und Schlaganfall sinkt
- Dein Risiko für koronare Herzkrankheiten sinkt
- Deine psychische Gesundheit kann sich verbessern
- Außerdem wirkt sich ein rauchfreies Leben positiv auf deine Karriere und deine Beziehungen aus. Du musst nicht mehr aus Meetings oder Verabredungen aussteigen, um eine Zigarette zu rauchen.

Tatsächlich zeigen Studien, dass Hypnose die Verbindung zwischen den beiden Bereichen des Gehirns verbessert, die die Verbindung zwischen Geist und Körper steuern. Aber was ist Hypnose zur Raucherentwöhnung?

Mit Hypnose lassen sich viele Süchte und Gewohnheiten behandeln, mit denen du aufhören möchtest, auch das Rauchen von Zigaretten. Es gibt eine Reihe von Hypnosetechniken, die dir helfen, mit dem Rauchen aufzuhören. Zum einen hilft sie dir, die negativen Denkmuster anzusprechen, die dich zum Rauchen verleiten. Die andere Methode besteht darin, deine Gefühle gegenüber dem Rauchen zu ändern, und zwar von etwas, das dir Spaß macht, zu etwas, das du eher als schädlich denn als angenehm empfindest.

Die erste Technik befasst sich mit den Gründen, warum du rauchst. Dabei geht es um dein psychologisches Bedürfnis nach Zigaretten. Sobald du dich mit den Denkmustern auseinandersetzt, die zum Rauchen führen, kannst du deine Rauchgewohnheit aufgeben. In meinen Kursen werden diese psychologischen Gründe schon im ersten Teil angesprochen und zum Zeitpunkt der Hypnose sind da schon einige Überlegungen in Gang gesetzt, die dann in der eigentlichen Hypnose verstärkt werden.

Die zweite Technik beinhaltet Suggestionen, die das Rauchen sehr unangenehm machen. Dein/e Hypnosetherapeut/in kann dir suggerieren, dass Zigaretten deinen Mund extrem trocken machen. Oder er kann sagen, dass Zigarettenrauch einen unangenehmen Geruch hat. Ich selbst finde einen Ekel zu hinterlegen, wenn es um den Qualm geht, eine sehr wirkungsvolle Suggestion. Damit und mit dem psychologischen Vorgespräch über die tatsächlichen individuellen Gründe des Rauchens habe ich seit Jahren eine Erfolgsquote von über 80 Prozent in meinen Kursen.

Die Hypnose zum Rauchen kann auch starke Aussagen über die Schäden enthalten, die das Rauchen deinem Körper zufügt. Diesen Ansatz lehne ich selbst ab, da ich nicht deinen Körper und dein Unterbewusstsein auf dumme Ideen bringen will. Ich lehne auch die schrecklichen Bilder von Raucherlungen oder Raucherbeinen ab. Viel besser erscheint mir, Anweisungen zu hinterlegen, dass du deinem Körper etwas Gutes tust, indem du das Rauchen vermeidest.

Obwohl du diese Dinge bereits bewusst weißt, versetzt dich die Hypnose in einen Zustand, in dem du sie besser verinnerlichen und umsetzen kannst.

Auch die Selbsthypnose kann dir bei der Raucherentwöhnung helfen. Bei der Selbsthypnose hypnotisierst du dich selbst, um dein Verlangen nach einer Zigarette bzw. dem Rauchen zu überwinden. Im nächsten Kapitel findest du eine Anleitung zur Selbsthypnose, welche du gut hierfür verwenden kannst.

Du fragst dich möglicherweise ob Hypnose gegen das Rauchen funktioniert, dazu kann ich sagen:

Ja, Hypnose zur Raucherentwöhnung funktioniert wirklich! Hypnose taucht tief in das Unterbewusstsein ein, um die psychologischen Gründe für das Verlangen nach einer Zigarette anzugehen. Weil sie mehr als nur die körperlichen Gründe angeht, finden viele Menschen, dass Hypnosetherapie auf lange Sicht effektiver ist als andere Methoden zur Raucherentwöhnung.

Die Forschung über die Wirksamkeit von Hypnose bei der Raucherentwöhnung ist vielversprechend und wird fortgesetzt. Wirf einen Blick auf die Website der Uni Tübingen und du wirst sehen, dass es sehr viele kontrollierte Studien gibt, welche die Wirksamkeit von Hypnose bestätigen.

Vielleicht noch abschließend ein paar Worte zum Thema Rauchfrei und Gewichtzunahme. Es ist nicht gesagt, dass du unglaublich viel zunimmst! Es mag bei dir Stoffwechselveränderungen geben, die dein Gewicht etwas beeinflussen, aber was die enormen Gewichtszunahmen angeht, scheint es doch eher auf der Unwissenheit zu basieren, dass Nikotinabbau sich im Körper identisch zu Hunger anfühlt. Diese Tatsache gekoppelt mit der Erwartung zuzunehmen, kann dann eine Gewichtszunahme begünstigen. In meiner Raucherentwöhnungshypnose hinterlege ich auch die Instruktion, dass Gewichtszunahme nicht in Frage kommt.

Sprich also diese Sorge ruhig an, wenn du zur Hypnose-Sitzung zur Raucherentwöhnung gehst.

Nutze dein Gehirn - Selbsthypnose

Hypnose klingt für viele Menschen wie eine unheimliche Sache. Du gehst "unter" und verlierst vielleicht die Kontrolle über deine Gedanken und Funktionen. Jemand anderes gibt dir Vorschläge und Gedankenansätze, die du vielleicht magst oder auch nicht. Für Menschen, die ein Trauma erlebt haben oder denen es nicht leichtfällt, mit einem Hypnosetherapeuten zusammenzuarbeiten, kann es schwer sein, so loszulassen, dass es zur Heilung oder Veränderung beiträgt. Solltest du zu diesem Menschen gehören, dann ist es für dich sehr wichtig jemand zu finden, der /die dir sehr sympathisch ist und du in dir ein gewisses Vertrauen spürst. Oder aber du versuchst für dich einmal die Methode der Selbsthypnose, die ich hier für dich beschreibe.

Selbsthypnose ist eine harmlose Methode, um die Kontrolle zu behalten und viele der gleichen Vorteile zu erzielen, wie bei der Arbeit mit einem Hypnotherapeuten, um dein Verhalten oder deine Emotionen zu verändern. Hypnose kann bei allem helfen, von Stressbewältigung und Ängsten über Gewichtsabnahme und

Ernährungsumstellung bis hin zu Selbstvertrauen und Präsentationsfähigkeiten. Die Lernhypnose kann dir helfen, effektiver zu lernen, dich an Informationen für Prüfungen zu erinnern, Informationen abzurufen, wenn du sie brauchst, und dich allgemein zu beruhigen, um den ganzen Tag über offen und aufnahmefähig zu bleiben.

Hypnose ist nichts anderes, als dass dein bewusster und immer denkender Verstand lange genug ruhig ist, damit dein Unterbewusstsein, dich anspornt und dir sagt, was du tun und lassen sollst - auf Ideen kommt, die für dich vorteilhaft und positiv sind. Oder deine belastenden Aspekte der Vergangenheit loslässt, um sie durch neue positive Ausrichtungen zu ersetzen.

Das Erlernen der Selbsthypnose ist relativ einfach, aber wie jede neue Fähigkeit erfordert sie Übung. Entscheide dich, die folgenden Schritte mindestens zwei- bis dreimal am Tag durchzuführen, bis sie dir zur zweiten Natur werden. Es sind keine Drogen im Spiel, keine medizinischen Verfahren und keine perfekten Bedingungen, die du erreichen musst.

Übe einfach und dein Geist wird anfangen zu kooperieren und mitzumachen.

1.

Der erste Schritt besteht darin, einen ruhigen Ort zu finden, an dem du etwa fünf Minuten lang ungestört sitzen kannst. Du willst kein klingelndes Telefon, keine lärmenden Kinder oder jemand, der dich stört. Du solltest dir einen Platz suchen, an dem du dich sicher fühlst und bequem sitzen kannst. Achte darauf, dass dein Rücken gestützt ist und du dich körperlich in deiner Sitzhaltung gut fühlst, wenn du anfängst, dich zu entspannen.

2.

Beginne damit, deine Beine zu lockern und deine Hände bequem auf deine Oberschenkel zu legen um sie dort ruhen zu lassen. Wenn du es dir bequem gemacht hast, beginnst du mit einem tiefen Atemzug. Atme durch die Nase ein und durch den Mund aus, ganz sanft und ganz ruhig. Konzentriere dich auf den Atem und stell dir vor, dass du deinen Atem hineinfließen und herausfließen siehst. Nimm zwei weitere tiefe Atemzüge und schließe beim dritten Atemzug, wenn du ausatmest, deine Augen.

Bleib ein paar Minuten so sitzen, lass den Atem ein- und ausströmen und richte deine ganze Aufmerksamkeit auf deinen Atem. Jedes Mal, wenn du einen Gedanken denkst, schiebe diesen Gedanken sanft weg und kehre zu deinem Atem zurück. Tue nichts anderes als zu atmen. „Es ist einfach nur ein Gedanke." Das sollte dein ständiger Gedanke sein, wenn du wieder spontane Gedanken hast.

Wenn du ganz entspannt bist und dich auf deinen Atem konzentrierst, erlaube deinem Körper, ganz schwer zu werden, egal wo du gerade sitzt. Nimm wahr, wie deine Beine und Arme schwer werden und fast am Stuhl oder auf deinen Oberschenkeln festkleben. Es ist ein angenehmer und insgesamt sehr entspannender Zustand, wenn du dich deinem Körpergewicht hingibst und dich in den Stuhl oder deinem Sitz sinken lässt, auf dem du sitzt.

3.

Wenn du ganz entspannt bist, wiederhole in Gedanken ein positives Mantra wie z.B.: "Ich bin ruhig, ich habe mich unter Kontrolle, ich bin entspannt." Wiederhole dieses Mantra immer wieder oder finde ein Mantra, das dir gefällt. Die Sätze sollten in "Ich"-Form sein und positiv und ermutigend, aber auch beruhigend klingen. Wiederhole es immer wieder und erlaube deinem Körper, sich der Entspannung und den ruhigen Gefühlen hinzugeben, die du dabei erzeugst.

4.

Wenn du deine fünf Minuten entspannt in deiner Haltung gesessen hast, spürst du, wie die Energie in deinen Körper zurückkehrt. Du solltest die ersten Male dir einen Wecker stellen um nicht die Zeit aus dem Blick zu verlieren und dir sicher zu sein, dass du nach 5-10 Minuten wieder herausgeholt wirst. Mit der Zeit wird dein inneres Gefühl oder deine innere Uhr dir sagen, wann die fünf Minuten um sind. Aber bevor du dich aus diesem entspannten Zustand zurückholst, mache bitte Schritt 5 und 6.

5.

Du konzentrierst dich auf jeden Bereich deines Körpers, auf jedes Körperteil und schickst Energie und Zuversicht in diesen Teil.

6.

Zähle langsam rückwärts von 10 bis eins und wenn du bei eins angekommen bist, gehe noch einen Schritt weiter bis du bei 0 bist. Ab jetzt ist für dich der Zustand „null", die optimale Entspannung, deine eigene hypnotische Erfahrung. Auf dieser Ebene „null" kannst du beginnen dir deine neuen Verhaltensweisen einzuprogrammieren indem du genaue Anweisungen dir selbst gibst, wie es für dich ab jetzt sein soll. Ebenso hast du auf dieser Ebene die Möglichkeit verschiedene Schmerzen zu reduzieren, du kannst dich zu der Erledigung bestimmter Aufgaben motivieren, du kannst dir selbst Fragen stellen, und in kurzer Zeit Antworten zur Problemlösung erhalten (wobei hier keine Ungeduld aufkommen sollte, denn es kann ebenso sein, dass du die Antwort zum Beispiel träumst). Also jegliche Einflussnahme ist auf Ebene „null" möglich. Ich habe schon mehrfach erwähnt, dass es notwendig ist bestimmte Formen der beeinflussenden Sätze zu wählen. Diese Einschätzung nehme ich in meinen Sitzungen vor. Nun bin ich ja nicht bei dir, wenn du deine Selbsthypnose machst, daher empfehle ich dir auszuprobieren, ob du mehr auf klare Ansagen reagierst oder mehr auf indirekte Instruktionen.

Manche Menschen neigen ganz klar dazu auf direkte Anweisungen zu reagieren. Ein Beispiel wäre: „Ab heute wirst du dich mehr um dich selbst kümmern!" Andere wiederum brauchen eine indirekte Anweisung. Ein Beispiel wäre hier: „Du bemerkst ab heute, dass du immer mehr von ganz alleine das Bedürfnis verspürst, dich um dich selbst zu kümmern."

Den Anwendungsgebieten für Selbsthypnose sind natürlich keine Grenzen gesetzt. Wichtig ist, dass du Sätze wählst, die sowohl konkret für dein Unterbewusstsein sind als auch für den Bereich in dir, der immer auf der Suche ist, dir zu helfen. Manche von euch haben vielleicht schon mal gehört oder gelesen, dass wir eine Art Wahrnehmungshelfer in uns haben. Das ist genau der Anteil, der dir immer zuarbeitet. Du kennst diesen Anteil vielleicht in folgendem Zusammenhang: du entscheidest dich einen neuen Wagen zu kaufen in einer bestimmten

Farbe. Kaum ist diese Entscheidung gefallen, ist die Stadt voll von diesen Automodellen. Oder deine neue Liebe fährt ein bestimmtes Auto, und schon ist die ganze Stadt voll davon. Oder du bist schwanger und plötzlich siehst du nur schwangere Frauen. Wenn du diesen Teil der Wahrnehmungshilfe für deine neue Programmierung gewonnen hast, dann wirst du auch mehr Gelegenheiten sehen und hören, die dich deinem Erfolg näherbringen.

Somit formuliere bitte KEINE Sätze, wie „Ich möchte abnehmen" oder „Ich möchte sportlicher sein", und schon gar nicht „Ich möchte **keine** Schokolade mehr essen."

Sondern sei konkret. Konkret bedeutet eben auch die genaue Angabe von Kilos, die du abnehmen wirst und es fällt dir jeden Tag leichter. Konkret bedeutet auch, dass dir etwas anderes viel besser schmeckt als Schokolade. Konkret bedeutet auch, dass du jeden Tag 15 Minuten dich bewegst (oder 30 Minuten oder was dir eben wichtig ist). NUR bitte keine direkten „Wunder eintüten" wollen. Stell dir dein Unterbewusstsein wie ein Kind vor. Hast du schon einmal versucht einem Kleinkind etwas wegzunehmen? Dann weißt du welch ein Geschrei losgehen kann. Was immer gut funktioniert, ist etwas aus der Hand nehmen und etwas Spannendes dafür geben. Also im ersten Schritt vielleicht Schokolade weg, aber dafür zum Beispiel Datteln oder getrocknete Aprikosen rein. Und dann im nächsten Schritt Datteln weg und dafür frisches Obst rein. Also bitte nicht selbst überfordern. Solltest du hier Fragen haben, dann schreibe mir ruhig eine Email. Ich beantworte dir gern deine Frage.

7.

Nun öffne deine Augen. Erlaube dir, ein paar Minuten so zu sitzen und genieße die positive Erfahrung, dir diese wertvolle Zeit zu gönnen. Verurteile dich selbst nicht zu schnell hinsichtlich sichtbarer Veränderungen, sondern mach einfach weiter. Es lohnt sich definitiv.

Dieser Vorgang ist nicht dasselbe wie Meditation, denn er ist aktiver. Du beschäftigst deinen Geist und deinen Körper, aber du tust es auf eine ruhige und konzentrierte Weise. Wenn du es dir nicht leisten kannst, zwei- bis dreimal am Tag 5 - 10 Minuten dich hinzusetzen, fang mit weniger an und arbeite dich nach und nach vor. Wenn du das einmal geübt hast, wirst du feststellen, dass die gleichen ruhigen

Gefühle und Gedanken auch in deine täglichen Aktivitäten einfließen, selbst wenn du die Augen geöffnet hast. Das kann ein großartiges Mittel gegen Stress, Ängste und Sorgen sein und kostet dich nichts außer 5 - 10 Minuten deiner Zeit.

Hypnose ist eine unterschätzte Technik

Es ist jetzt über 20 Jahre her, dass ich zum ersten Mal Hypnose angewendet habe. Für mich ist sie ein großartiges therapeutisches Mittel. Als ergänzende Technik hat es mir die Hypnose ermöglicht, verschiedene Therapieansätze umzusetzen. Hypnose ist oft die eigentliche Beschleunigung zum fühlbaren und sichtbaren Erfolg für meine Patienten/innen und Klienten/innen.

Schon in meiner Ausbildung habe ich gelernt, dass Hypnose eine Methode der anhaltenden, fokussierten Konzentration ist. Die Hypnose ermöglicht es dem Klienten/in, Informationen auf eine andere Weise zu verarbeiten als im normalen Wachzustand. Aufgrund der Kraft der Hypnose kann sie, wenn sie in eine Strategie zur Verhaltensänderung integriert wird, auf verschiedene Weise zur Behandlung vieler Störungen eingesetzt werden.

Viele Menschen, darunter leider auch viele Fachleute aus dem medizinischen Bereich, denken bei Hypnose an geistige Labilität, Gedankenkontrolle, Schlaf oder Bewusstlosigkeit.

Frauen gelten oft als besser hypnotisierbar als Männer. Das ist ein Mythos. Hypnose ist weder Gedankenkontrolle noch eine Strategie für Willensschwache. Frauen sind eindeutig nicht hypnotisierbarer als Männer, und das Märchen, dass Menschen die Kontrolle oder das Bewusstsein verlieren, wenn sie hypnotisiert werden, ist schlichtweg eine Lüge. Im Gegenteil, eine hypnotisierte Person befindet sich in einem hochgradig wachen Zustand, in dem ihr Fokus und ihre Konzentration erhöht sind.

Die Hypnose ermöglicht es den Patienten, sich zu fokussieren und die Konzentration aufrechtzuerhalten, sodass ihnen ein gut durchdachtes Programm zur Verhaltensänderung beigebracht werden kann

Hypnose kann Patienten helfen, die an Problemen wie Raucherentwöhnung, Gewichtskontrolle, Nägelkauen, Phobien, Schlaflosigkeit, Ängsten (einschließlich PTBS), schlechter sexueller Funktion, zwanghaftem Denken und stressbedingten Problemen arbeiten. Hypnose kann eine wirksame Hilfe bei der Behandlung dieser Probleme sein.

Aber nicht genug Psychiater/innen, Psycholog/innen und Psychotherapeut/innen oder Ärzte setzen Hypnose ein oder wissen, was sie kann und was nicht.

Ein Beispiel dafür, wie ich Hypnose einsetze, ist eine Frau, die stundenlang in einem Aufzug feststeckte und danach an einer posttraumatischen Belastungsstörung mit unerträglichen Erinnerungen, Unruhe und Depression litt. Sie meldete sich bei mir, nachdem sie bereits mehrere traditionelle Therapien und eine Verhaltenstherapie ausprobiert hatte, die alle leider nichts gebracht haben. Ich beschloss, einen anderen Ansatz mit Hypnose und geführten Bildern zu versuchen. Innerhalb von vier Sitzungen gelang es mir und der Frau, ihre schrecklichen Erinnerungen und Ängste immer durchlässiger zu machen. Sie lernte innerhalb der vier Sitzungen ihre Gedanken und damit ihre Gefühle zu kontrollieren, indem sie lernte zu einem anderen angenehmen Bild mit Wohlfühlfaktor zu wechseln. Es ist erstaunlich, wie sehr doch der eigene Hang zur Wiederherstellung eines inneren Gleichgewichts in der Hypnosetherapie angesprochen wird.

Meiner Erfahrung nach sind hypnotische Strategien, wenn sie funktionieren, innerhalb weniger Sitzungen wirksam. Wenn sie bei einem Problem nicht funktionieren, ist es vielleicht an der Zeit, zu anderen Ansätzen überzugehen. Doch dafür wirst auch du schon bald ein eigenes Gefühl entwickeln, wenn du den Erfolg von Hypnosesitzungen selbst erlebt hast.

Bei der Hypnose sind keine Hilfsmittel oder Drogen nötig. Wenn du bereit bist für Veränderung, dann hast du deinem Unterbewusstsein schon den ersten Schritt geebnet. Nur deine Bereitschaft und die Fähigkeit des Therapeuten/in genügen, um dich in einen eigenen hypnotischen Zustand zu führen.

Hypnose sollte Teil der allgemeinen medizinischen Ausbildung sein, denn diese Strategien sind eine wertvolle Bereicherung für den Werkzeugkasten des Arztes und der Psychologen. Besonders Ärzte können im Gespräch negative Folgen bei den Patienten hervorrufen. Durch unüberlegte Wortwahl können sie den Mut und die Hoffnung eines Patienten/in innerhalb von 2-3 Sätzen zerstören. Leider ist das den meisten Ärzten nicht bewusst, dass sie eine unglaubliche positive Macht ausüben könnten. Ich habe selbst schon unzählige Diskussionen mit verschiedenen Kollegen/innen und auch Ärzten/innen geführt und nur wenige glauben an den Zusammenhang des Geistes über den Körper. Für sie ist der Körper weiterhin ein eigenständiges Modul im Bereich der auftretenden Krankheit. Ein paar wenige haben eine bewusste Kommunikation und wissen, dass keiner genau sagen kann, wie im Einzelnen eine Krankheit verlaufen wird. Alles Wissen basiert im Grunde auf Beobachtung und Statistik. Deshalb ist es eben wichtig **nicht** die Todeszahlen zu kommunizieren, sondern die Genesungszahlen. Da beginnt schon die Beeinflussung und manchmal ist die das Zünglein an der Waage.

Natürlich liebe ich Hypnose und die Hypnotherapie, sonst hätte ich nicht dieses Buch zusammengestellt und auch nicht die Vielzahl an Weiterbildungen gemacht (und auch bezahlt...). Ich wollte die verschiedenen Richtungen und Einsatzmöglichkeiten kennenlernen und wissen, wie ich was am besten und bei wem anwenden kann. Ich hoffe, ich konnte dir einige deiner Bedenken nehmen, deine Neugier auf die Hypnose wecken und dir aufzeigen, dass es aus meiner Erfahrung eine Möglichkeit ist, sehr schnell eine Veränderung in dein Leben zu bringen. Du wirst dich schon sehr bald besser, erfolgreicher, liebenswerter und selbstbewusster fühlen, wenn du dich darauf einlässt. Ich weiß nicht, wie viele Sitzungen du brauchen wirst, aber mach erst einmal eine Sitzung und beobachte dich selbst ein paar Wochen lang.

Klienten/innen weisen manchmal mich darauf hin, dass ich meine Rauchfrei Hypnose mache und selbst Raucher, die 3 Schachteln am Tag geraucht haben, laufen nach nur 1 Sitzung raus und rauchen nicht mehr – über Jahre oder sogar für immer. Beim Rauchen sind aber noch körperliche Umstellungen zusätzlich betroffen – trotzdem funktioniert es sehr gut nach einer einzigen Hypnose-Sitzung. Dann sind doch andere Veränderungen, die „nur" eine Verhaltensänderung beinhalten doch sicher auch schnell möglich. Und ich antworte darauf: „Das stimmt!"

Aber auch ich bin - trotz all der Jahre - manchmal erstaunt, dass Hypnose so gut funktioniert. Du solltest diese Methode unbedingt einmal für dich testen!